Achim Kubiak

FASZINIERENDES

RUHRGEBIET

PANORAMA

Achim Kubiak, Grafiker, Fotograf und Herausgeber verschiedener Magazine, betreibt seit 1982 in Bottrop eine kreative Werbeagentur, die für namhafte Kunden herausragende Werbung entwickelt. Als Autor hat er sich mit den erfolgreichen Porsche-Büchern „Faszination 356" (2002) und „Faszination 911" (2004) einen Namen als Kenner der Szene geschaffen. Mit dem vorliegenden Buch „Faszinierendes Ruhrgebiet Panorama" knüpft der bekennende Ruhrgebietler nahtlos an die in der Serie „Faszinierendes Ruhrgebiet" erschienenen Bücher „Begegnungen bei Nacht" (2008) und „Augenblicke am Rhein-Herne-Kanal" (2009) an, mit denen ihm bereits eine Verbeugung an seine Heimat gelungen ist.

1. Auflage 2011
ISBN 978-3-941676-11-4
© 2011 edition rainruhr, Essen

Verlag edition rainruhr
Kiek ut 20, 45359 Essen
Mail: info@edition-rainruhr.de, Internet: www.edition-rainruhr.de

Gestaltung, Satz und Lithografie:
concept & design werbeagentur gmbh, Bottrop
Druck: W. Kohlhammer, Stuttgart

Alle Rechte vorbehalten! Ohne ausdrückliche Erlaubnis
des Verlages darf das Werk, auch nicht Teile daraus, weder
reproduziert, übertragen noch kopiert werden, wie z. B.
manuell oder mithilfe elektronischer und mechanischer
Systeme inklusive fotokopieren, Bandaufzeichnung
und Datenspeicherung.

Wer heute mit offenen Augen durch das Ruhrgebiet fährt, der entdeckt noch vieles, was an die Wurzeln dieser Region erinnert. So manche Industriebrache, die heute der Naherholung und Entspannung dient, zeugt noch von jener Zeit. Auch das eine oder andere Gebäude kann seine Urspünge nicht verleugnen. Schließlich stammen nicht wenige von ihnen aus einer Zeit, als harte, körperliche Arbeit noch ehrenwert war.

Das Ruhrgebiet – eine starke Region in Deutschland.

Inhalt

Das Ruhrgebiet:	Einzigartig in Deutschland.	6
Bergkamen	Halde Großes Holz	8
Bochum	Jahrhunderthalle + Westpark	10
	Kemnader See	12
	Planetarium	14
	Ruhr-Universität	16
Bottrop	Gesundheitspark Quellenbusch	18
	Kokerei Prosper	20
	Tetraeder	22

Castrop-Rauxel	Halde Schwerin	24
Dinslaken	Mühlenmuseum	26
Dorsten	Altstadt	28
Dortmund	Alte Kolonie Eving	30
	Altes Hafenamt	32
	Kokerei Hansa	34
	Lanstroper Ei	36
	Zeche Geisenau	38

Duisburg	Alsumer Berg	40
	Hüttenwerk Schwelgern	42
	Innenhafen	44
	Landschaftspark Duisburg-Nord	46
	Rheinbrücke Neuenkamp	48
	Theater Duisburg	50

Essen	Gleispark Frintrop	52
	Grugapark	54
	Heisinger Ruhraue	56
	Krupp-Park	58
	Villa Hügel	60

Gelsenkirchen	Consol-Park	62
	Halde Rungenberg + Siedlung Schüngelberg	64
	Kraftwerk Scholven	66
	Nordsternpark	68
	Schloss Berge	70
	Siedlung Flöz Dickebank	72
Hamm	Zeche Radbod	74
Herne	Akademie Mont-Cenis	76
Herten	Glashaus	78
	Halde Hoheward	80
	Schloss Herten	82
Lünen	Colani-Ei	84
Moers	Halde Pattberg	86
	Halde Rheinpreußen	88
Mülheim	Aquarius Wassermuseum	90
	Kloster Saarn	92
	Mintarder Ruhrtalbrücke	94
Oberhausen	Gasometer	96
	Kastell Holten	98
	Knappenhalde	100
	OLGA-Park	102
	Siedlung Eisenheim	104
Recklinghausen	Volkssternwarte	106
	Zeche Recklinghausen II	108
Anschriften	Hier findet man die Objekte	110

DAS RUHRGEBIET:

Einzigartig in Deutschland.

■ ■ ■

Im Revier ganz oben – vom Hochofen 5 des Landschaftsparks in Duisburg-Nord – bietet sich dem Besucher ein faszinierender Panoramablick.

Wer heute von der Metropole Ruhr spricht, meint den fünft größten Ballungsraum Europas. Er spricht von einer Region, in der auf knapp 4.500 Quadratkilometern über fünf Millionen Einwohner leben. Städte wie Bochum, Bottrop, Dortmund, Duisburg, Essen, Gelsenkirchen, Hagen, Hamm, Herne, Mülheim an der Ruhr und Oberhausen sowie die Kreise Recklinghausen, Unna, Wesel und der Ennepe-Ruhr-Kreis gehören dazu. Wo die Grenzen genau verlaufen, ist manchmal Interpretationssache, ebenso wie die wahrhaftige Bezeichnung der Region und der Menschen, die hier leben. Bekannte sich der Kumpel vom Pütt früher ganz offen, ehrlich und ungeniert zum Ruhrgebiet, seinem Revier oder kam ganz einfach aus dem Kohlenpott, war jedem klar, was er meinte. Man sprach eine ehrliche Sprache und war weit entfernt von der

„Knöppedrückergesellschaft" heutiger Tage, die zeitweilig lieber aus der Metropole Ruhr als aus der Region ihrer Väter und Großväter kommt.

Ja, das Revier hat sich verändert. Die großen Arbeitgeber der Montanindustrie gibt es nicht mehr. Viele kleinere Unternehmen sind entstanden oder haben sich weiterentwickelt. Sie fühlen sich mehr denn je mit der Region verwurzelt und bilden heute ihren sozialen Rückhalt. Der Strukturwandel ist noch lange nicht abgeschlossen, doch ist man auf einem guten Weg in eine neue Zeit. Immer wieder entstehen Ideenschmieden und Innovationen, die zu Recht das Qualitätsmerkmal „Made in Germany" hoch halten und ständig weiterentwickeln. Dabei kommt die Kultur nicht zu kurz. Nicht selten führt sie vor, wo die Menschen hier herkommen, was sie können und worin sie ganz besonders stark sind.

BERGKAMEN | HALDE GROSSES HOLZ

Der Korridorpark mit den blauen Leuchttürmen.

Über feste Wege kann die weitläufige und beeindruckende Haldenlandschaft erwandert oder erradelt werden.

Für Erholungsuchende wie auch Freizeitsportler ist die fast 90 Meter hohe Halde Großes Holz am Rande von Bergkamen ein willkommenes Gelände.

Ohne die beiden Zechen Haus Aden und Monopol gäbe es die heutige Halde Großes Holz in Bergkamen nicht. Dort, wo früher einmal ein Buchenwald stand, der dem heutigen Areal zu seinem Namen verhalf, breitet sich die Bergehalde über 120 Hektar aus. Mit festen Wegen, angelegten Wasserflächen und Bepflanzungen lädt sie Besucher zur Naherholung mit ausgiebigen Spaziergängen ein. Dabei fällt diesen ein blaues Band besonders auf. Es schlängelt sich mal in Form von mit Blauglas gefüllten Gabionen, mal als Pflastersteinbegrenzungen oder als einer von neun etwa zehn Meter

Die Halde Großes Holz bietet seinen Besuchern eine hervorragende Aussicht auf die umliegende Landschaft.

hohen „Leuchttürmen" aus Holz, Metall und blauem Plexiglas durch die Haldenlandschaft. In der Dunkelheit leuchten sie weit sichtbar vor sich hin und verhelfen so dem „Korridorpark" auf Großes Holz zu seinem Namen.

Im Sommer lohnt ein Besuch hier besonders. Blühende Sträucher, Stauden, Wildblumen und Gräser verwandeln die Landschaft in ein farbenprächtiges Naturparadies. Wer es bis auf die kleine Aussichtsplattform auf dem Gipfel geschafft hat, genießt von hier aus einen hervorragenden Blick auf die umliegende Landschaft und die Halde selbst.

Die fast zehn Meter hohen „Leuchttürme" weisen dem Besucher in der Dunkelheit den Weg.

BOCHUM | JAHRHUNDERTHALLE + WESTPARK

Eine Halle in ungekannten Dimensionen.

Die Jahrhunderthalle mit ihren beeindruckenden Abmessungen als „Kathedrale der Industrie" liegt mitten im Bochumer Westpark.

Mit attraktiven Wasserflächen, Wiesen und Gehwegen bietet der Westpark rund um die Jahrhunderthalle ein großflächiges Gelände für die Naherholung.

Die von den Architekten H. Schumacher und O. Berndt entworfene Jahrhunderhalle wird heute gerne als „Industriekathedrale" bezeichnet. Wer das dreischiffige Bauwerk in Bochums Westpark schon einmal besucht und einen Blick in die riesige Halle geworfen hat, versteht sofort, was damit gemeint ist. Die 1902 anlässlich der Industrie- und Gewerbeausstellung in Düsseldorf entstandene Halle wurde ein Jahr später demontiert und an ihrem heutigen Standort wieder aufgebaut. Die riesige Halle, die heute 8.900 Quadratmeter misst und 1993 saniert wurde, diente damals dem Bochu-

Der Bochumer Westpark mit Jahrhunderthalle ist heute ein beliebtes Ausflugsziel der ganzen Region.

mer Verein als Gaskraftzentrale für die Produktion von Eisen und Gussstahl. Verschiedentlich wurde sie den benötigten Arbeitsprozessen angepasst, bis sie 1991 unter Denkmalschutz gestellt und als Hauptankerpunkt in die Route der Industriekultur eingegliedert wurde. Seither dient sie kulturellen Zwecken als imposantes Festspielhaus, beispielsweise als zentraler Spielort der RuhrTriennale. Um sie herum erstreckt sich der Westpark mit seinen attraktiven Brückenbauwerken und Rundwanderwegen, großflächigen Wiesen und Spielplätzen.

Die farbenprächtig illuminierten Kühltürme in der „Wasserwelt" des Westparks.

BOCHUM | KEMNADER SEE

Das Wasser-Freizeitparadies im Pott.

Für Radfahrer, Wanderer und Wassersportler ist der Kemnader See ein beliebtes Ziel.

Die Ruhe vor dem Sturm: An den Wochenenden der Sommermonate erwischt man hier kaum eines der begehrten Leihboote.

Zwischen Bochum, Hattingen und Witten erstreckt sich der Kemnader See als jüngster von sechs Ruhrstauseen. Er wurde 1979 nach dreijähriger Arbeit vom Ruhrverband fertiggestellt. Zunächst rammte man Spundwände ins Erdreich und legte damit das spätere Ufer an. Innerhalb von drei Jahren wurden drei Millionen Kubikmeter Erde abgebaut, was der späteren Wasserstaumenge entsprach, und am Südufer das Wehr errichtet. Mitte 1980 war es dann soweit, das entstandene Becken war voll gelaufen. Am 18. September 1980 feierte die Bevölkerung mit einem Fest die Eröffnung

Ganz gleich, ob man sich sportlich betätigen oder beim Angeln entspannen möchte, der Kemnader See ist immer ein reizvolles Ziel.

des künstlich angelegten Sees, der eine mittlere Tiefe von 2,4 Meter misst.

Schon kurz nach seiner Eröffnung erfreute sich der Kemnader See als Naherholungsgebiet einer hohen Beliebtheit. Die Parkplätze um den See waren anfangs an den Wochenenden überfüllt und Unfälle zwischen Fußgängern, Radfahrern und Inlineskatern keine Seltenheit. Auch für Segler und Surfer ist der See in den Sommermonaten ein beliebtes Ziel. Ein Tretbootverleih rundet das Angebot für naherholungswillige Besucher ab. Das Sportinstitut der Ruhr-Universität bietet seinen Studenten hier die Möglichkeit zu rudern.

Auch so lässt sich am Ufer des Sees das Leben bei einem Bad in der Sonne genießen.

BOCHUM | PLANETARIUM

Die Halbkugel mit dem Sternenhimmel.

Das Bochumer Planetarium liegt auf einem Hügel an der vielbefahrenen Castroper Straße.

■ ■ ■

Heute zählt das bereits 1964 eröffnete Zeiss Planetarium Bochum zu den größten und modernsten seiner Art in Deutschland.

So sehen das Bochumer Zeiss Planetarium die Vorbeifahrenden.

Mit seiner 20 Meter hohen Kuppel, unter der etwa 250 Personen einen Sitzplatz finden, zählt das 1964 errichtete Bochumer Planetarium zu den größten und modernsten Deutschlands. Es ist faszinierend, wenn der Sternenhimmel mittels eines Projektors an die Innenkuppel geworfen wird und so die Bewegungen der Planeten und Sterne zu jeder beliebigen Jahres- und Uhrzeit im Zeitraffer dargestellt werden.

Im Mai 2010 wurde es nach einem Umbau neu eröffnet. Während der Woche finden täglich außer montags vier bis fünf Veranstaltungen statt. Wochentags sind es zumeist Schulklassen, die hier zu Besuch sind. Abends wird ein informatives, sehenswertes Hauptprogramm geboten. Zusätzlich finden regelmäßig Sonderveranstaltungen statt, die nicht nur für Freunde der Astrologie interessant sind.

Aufgang zum Eingang im Frühling.

BOCHUM | RUHR-UNIVERSITÄT

Die älteste Uni im Revier.

Blick von Süden auf die Ruhr-Universität im Abendlicht.

Das Dach des Audimax ist einer Muschel nachempfunden. Das Gebäude diente auch den Bochumer Symphonikern schon einmal als Spielstätte.

Die 1962 gegründete Ruhr-Universität Bochum zählt heute mit über 30.000 Studierenden zu den zehn größten Universitäten in Deutschland. Der Lehrbetrieb begann im Jahr 1965. Hier in Bochum-Querenburg studierten bekannte Persönlichkeiten wie der Sänger und Schauspieler Herbert Grönemeyer, die ehemalige Vorsitzende des Rates der Evangelischen Kirche in Deutschland Margot Käßmann und der ehemalige Sportmoderator Manfred Breukmann.

Auf einer Anhöhe über dem Kemnader See liegt der Campus mit seinen 13 Hauptgebäuden. Diese gliedern sich in vier symmetrische

Der allgegenwärtige Baustoff Beton taucht den ganzen Campus in ein tristes Grau.

Komplexe, aus Hochhäusern um die Mensa, dem markanten Audimax, der Universitätsbibliothek sowie des Forums. Der Entwurf stammt von dem Architekten Helmut Hentrich. Aus 85 eingereichten Entwürfen erhielt er mit seinem Team den Zuschlag für die Realisierung. Hentrich sieht die Gebäude des Komplexes als Schiffe, die im Hafen vor Anker liegen. Bis heute wird das Konzept kontrovers diskutiert. Der fast alleinige Baustoff Beton lässt die gesamte Anlage selbst bei Sonnenschein in einem tristen Grau erscheinen. Seit 2007 werden hier die unübersehbaren Schäden an den Bauwerken Zug um Zug saniert.

Das markante Gebäude des Zentrums für Bio-Medizin an der Universitätsstraße.

BOTTROP | GESUNDHEITSPARK QUELLENBUSCH

Wenn nur die Gesundheit zählt.

Die Gesundheitspyramide besteht aus Lärchenholz.

An der Wassertherapiestelle im Gesundheitspark Quellenbusch zieht der sprühende Wassernebel die Aufmerksamkeit der Besucher auf sich.

Mitte der 1990-er Jahre entstand am südwestlichen Bottroper Stadtrand eine ungewöhnliche Parkanlage: der Gesundheitspark Quellenbusch. Beim Besuch erfreuen sich Kranke und Gesunde an der schönen landschaftlichen Gestaltung der Anlage. Sie stellt eine Verbindung zwischen Knappschaftskrankenhaus und dem Revierpark Vonderort dar und präsentiert sich als Mischung aus Kurpark und Landschaftsgarten mit Aktionsbereichen. Dazu gesellt sich das Gesundheitshaus, das 1998 eröffnet wurde. Es besticht durch seine preisgekrönte Architektur und ist Anlaufpunkt durch sein

■ ■ ■

Was zunächst unscheinbar wirkt, erweist sich nach einem längeren Spaziergang durch den Park als spannend und abwechslungsreich.

vielfältiges Kursangebot. Dieses umfasst von der Ernährungsberatung bis zu Formen der chinesischen Medizin alles Denkbare. Von der Cafeteria bietet sich ein interessanter Ausblick auf den 780 Quadratmeter großen Apothekergarten. Die 40 Hektar große Parkanlage mit einer Gesundheitspyramide, Energiespirale, Wassertherapiestelle sowie einem Bewegungslabyrinth sollen helfen gesund zu werden oder zu bleiben. Auf dem Weg durch die Parkanlage trifft man ferner auf eine „Lichtburg der Düfte und Farben", einen Serpentinenweg und es gibt einen Meditationsgarten zu entdecken.

Der Park bietet reichlich Raum für erholsame Spaziergänge und sportliche Betätigung.

BOTTROP | KOKEREI PROSPER

Rauchig, russig und heiß.

Blick von der Halde Prosperstraße, die auch Standort der Bottroper Skihalle ist, auf die Anlage der Kokerei Prosper.

■ ■ ■

Die Kokerei Prosper produziert seit 1928 qualitativ hochwertigen Koks. Am Rande der Stadt stehen hier mehr als 450 Menschen in Arbeit und Lohn.

Die Kokerei Prosper in Bottrop-Welheim ist die zweitgrößte Kokerei in Deutschland.

Schon im Jahre 1928 wurde am Standort im Bottroper Stadtteil Welheim die erste Kokerei in Betrieb genommen. Nach der Planung für eine grundlegende Modernisierung 1982 bildete die Inbetriebnahme der dritten Koksofenbatterie am 17. Juli 1989 den Abschluss der zweiten Baustufe. Die heutige Anlage ersetzte als Zentralkokerei andere Anlagen im Stadtgebiet. Die Kokerei Prosper ist die zweitgrößte in Deutschland.

Hier sind über 450 Mitarbeiter beschäftigt. Sie produzieren im Jahr annähernd zwei Millionen Tonnen Koks bei einem Umsatz von etwa 450 Millionen Euro. Der Koks wird in 146 Koksöfen unter Luftabschluss über 24 Stunden bis auf 1.100° C erhitzt. Die tägliche Einsatzmenge von 7.500 Tonnen Kohle erzeugt rund 75 Prozent Koks und 25 Prozent Gas und Kohlenwertstoffe.

Wenn es raucht und faucht …

BOTTROP | TETRAEDER

Das Haldenereignis Emscherblick.

Das Tetraeder ist zum Wahrzeichen der Stadt Bottrop geworden.

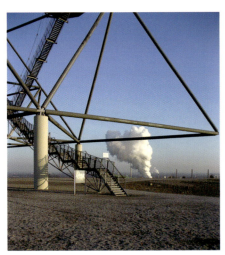

Über eine freischwebende Treppe geht es hinauf zu den Aussichtsplattformen.

Das Haldenereignis Emscherblick, besser bekannt als Tetraeder, das auf der 80 Meter hohen Bergehalde an der Beckstraße steht, ist seit Mitte der 1990-er Jahre zum Wahrzeichen der Stadt Bottrop geworden. Die von Wolfgang Christ entworfene dreieckige Pyramide mit einer Kantenlänge von 60 Metern ruht auf drei neun Meter hohen Betonpfeilern. Sie entstand im Rahmen der IBA Emscher Park und wurde am 3. Oktober 1994 eröffnet. Die Konstruktion besteht aus 210 Tonnen Stahl. Aneinandergesetzt ergeben ihre Rohre eine Kantenlänge von 1,5 Kilometern. Über eine frei schwebende Treppe sind drei Aussichtsplattformen in 18, 32 und 38 Meter begehbar. In der Spitze des Tetraeders leuchtet bei Dunkelheit eine Lichtskulptur, die vom Düsseldorfer Künstler LIT Fischer entworfen wurde und das Objekt auch aus weiter Ferne unverkennbar macht.

Die Halde selbst ist über gut ausgebaute Wege begehbar. In den Sommermonaten geht es sogar per Linienbus hinauf. Der direkte Weg nach oben führt über eine Treppe mit 387 Stufen. Die Halde an der Beckstraße mit dem markanten Tetraeder zählt zu den bekanntesten Landmarken der Region.

Das Tetraeder an der Beckstraße ist zu jeder Jahres- und Tageszeit einen Ausflug wert. Auch wenn der Aufstieg etwas Mühe kostet, der Blick von der Halde und erst recht von der oberen Plattform lohnen sich.

Der Rundgang auf dem oberen Haldenplateau bietet einen weiten Blick auf die Region. Hier im Süden in unmittelbarer Nähe des Tetraeders die Skihalle und die Kokerei Prosper.

CASTROP-RAUXEL | HALDE SCHWERIN

Die begehbare Sonnenuhr als Landmarke.

Die Halde Schwerin mit der 24-stehligen Sonnenuhr zählt zum Panorama der Industriekultur im Ruhrgebiet.

■ ■ ■

Mitten im Ruhrgebiet gibt es eine Bergehalde, die den Namen der Landeshauptstadt Mecklenburg-Vorpommerns trägt. Ihre Besonderheit ist eine aus 24 Stahlstehlen bestehende, überdimensionale Sonnenuhr.

Aufstieg zum Haldenplateau.

Was die Stunde geschlagen hat …

Die Attraktion auf der Halde Schwerin in Castrop-Rauxel gehört zu den größten ihrer Art: eine Sonnenuhr mit 24 Stehlen aus Edelstahl, die der Künstler Jan Bormann im Rahmen der Internationalen Bauausstellung Emscherpark geschaffen hat. Sie steht seit 1993 auf dem Gipfel der Halde. In imposanter Größe ragen die glänzenden Stahlstehlen in den Himmel empor. Mit einem Durchmesser von 16,5 und einer Höhe von 10 Metern überragen sie ihre Besucher mit großer Länge. Vom Plateau gibt es einen guten Überblick auf das umliegende Emschertal.

In der künstlich angelegten Landschaft sollen Sonnenlicht, Zeit und Energie erlebbar werden. Damit das gelingt, kreuzen sich auf der Mitte des Gipfelplateaus die nach den Himmelsrichtungen ausgerichteten Treppenaufgänge. Diese sind jeweils aus unterschiedlichen Materialien: Grubenholz im Süden, Eisenbahnschwellen im Norden, Stahlbramme im Osten und Eisenbahnschienen im Westen. Das soll die industrielle Geschichte des Reviers widerspiegeln.

DINSLAKEN | MÜHLENMUSEUM

Die Mühle am rauschenden Bach …

Nicht nur für Freunde alter Wassermühlen ist das Mühlenmuseum in Dinslaken-Hiesfeld einen Besuch wert.

Das schwere Mühlrad dreht sich inmitten des Rotbachs wie vor hunderten von Jahren.

Die Geschichte des Mühlenmuseums, das Interessierte heute in Dinslaken-Hiesfeld finden, beginnt im Jahre 1976. Einige Enthusiasten hatten mit der Renovierung der alten Turmwindmühle an der Sterkrader Straße begonnen und gründeten einen Förderverein. Ihr Anspruch war es, das traditionsreiche Bauwerk zu erhalten, zu pflegen und insbesondere jungen Menschen zugänglich zu machen. 1991 folgte dann der nächste Schritt. In der alten, gerade restaurierten Wassermühle am Freibad in Hiesfeld, konnte das heutige Mühlenmuseum eröffnet werden. Heute gehören zu dieser Anlage zwei Gebäude, nämlich die ursprünglich im Jahre 1693 errichtete Wassermühle als Fachwerkhaus und das auf der anderen Rotbachseite gelegene große Backsteingebäude. Dieses wurde früher als Hauptgebäude für den Mühlenbetrieb sowie als Wohnhaus für den Müller genutzt. Zwischen den beiden Gemäuern dreht sich in der Mitte des fließenden Rotbachs auch heute noch ein mächtiges, mittelschächtiges Wasserrad. In den Gebäuden selbst findet der Besucher mehr als 50 Mühlenmodelle aus aller Welt. Damit zählt es zu den Besonderheiten der deutschen Museen.

Indyllisch gelegen präsentiert sich heute das Mühlenmuseum an der Straße Am Freibad 3 in Dinslaken-Hiesfeld.

Mit der Renovierung der Windmühle an der Sterkrader Straße im Jahre 1976 legten einige Enthusiasten den Grundstein für das heutige Mühlenmuseum in Dinslaken-Hiesfeld.

DORSTEN | ALTSTADT

Der Marktplatz in der Altstadt.

Blick über den Marktplatz auf das Alte Rathaus und die St. Agatha-Kirche.

Die Idee von „Dreams on Ice" wurde in Dorsten geboren und erfreut sich großer Beliebtheit.

Dorsten, die kleine Hansestadt an Lippe und Wesel-Datteln-Kanal hat sich zu einer beschaulichen Kleinstadt am Rande des Reviers gemausert. Insbesondere der Marktplatz fällt mit dem nostalgisch anmutenden Alten Rathaus und der St. Agatha-Kirche auf. Hier findet alltäglich das Leben in Dorstens Altstadt statt. Viele kleine, meist inhabergeführte Geschäfte laden zum Bummeln und Einkaufen ein. Über das ganze Jahr verteilt finden auf dem Marktplatz verschiedene Veranstaltungen statt, die zahlreiche Besucher auch aus den Nachbarstädten anziehen. Das Altstadt- oder Herbst- und Heimatfest sind genauso beliebt, wie der Dorstener Kultur-Sommer, der sich in den letzten Jahren zu einer beliebten Musikveranstaltung für ein anspruchsvolles Publikum entwickelt hat. In der kalten Jahreszeit etablierte sich hier „Dreams on Ice". Das ist eine künstlich angelegte Eislauffläche, stimmungsvoll in Szene gesetzt, die zur Weihnachtszeit die Massen anzieht. Ob sportliche Wettkämpfe oder beschauliches Eislaufen, hier kommt jeder auf seine Kosten. Die Idee dazu stammt übrigens von dem Dorstener Thomas Hein, der diese mittlerweile in ganz Deutschland realisiert.

Blick aus dem Alten Rathaus über den Marktplatz auf das gegenüber liegende Glockenspielhaus. Tagsüber findet hier zwischen den Geschäften und Cafés das Leben in der Lippestadt statt.

■ ■ ■

Der Marktplatz und die vielen umliegenden Geschäfte bilden in Dorstens Altstadt das Zentrum. Bei den zahlreichen Veranstaltungen hat man das Gefühl, dass hier die ganze Stadt auf den Beinen ist.

DORTMUND | ALTE KOLONIE EVING

Kleine Wohnungen in traumhaften Häusern.

Auffallend in der Alten Kolonie Eving sind das üppige Grün und die großen Hofanlagen.

Die Architektur der einzelnen Häuser ist besonders vielseitig. Schlendert man durch die schmalen Straßen der Siedlung, glaubt man, dass die Uhren hier „anders ticken".

Wer zum ersten Mal durch die Alte Kolonie Eving im Dortmunder Norden schlendert, ist erstaunt über die vielfältige Architektur. Fast jedes Haus der Siedlung, die zwischen 1898 und 1899 von der Zeche Vereinigte Stein und Hardenberg errichtet wurde, hat einen ganz eigenen Charakter. Ursprünglich bestand die Siedlung aus 76 Häusern mit 270 Wohnungen, die für die meistens auswärtig angeworbenen Arbeiter erbaut wurden. Schon damals verfügte jede Wohnung über fließendes Wasser, eine Ofenheizung, einen separaten Eingang, einen Stall und ein Stück Gartenland, was

Wer in der Alten Kolonie Eving wohnt, kann die wunderschöne alte Baukultur jeden Tag genießen.

zu der Zeit längst keine Selbstverständlichkeit war. Dieser Luxus war für die überwiegend aus bäuerlichen Gegenden Europas angeworbenen Bergleute wichtig und eine große Entscheidungshilfe ins Ruhrgebiet und damit in die Stadt zu ziehen. Das Zentrum bildete das Wohlfahrtsgebäude Kolonie Eving am Nollenplatz.

Wie so oft in der Geschichte sorgte eine Bürgerinitiative in den 1970-er Jahren dafür, dass dem Abriss der vollständigen Siedlung Einhalt geboten wurde. Heute steht der größte verbliebene Teil unter Denkmalschutz und ist damit Zeuge des Wandels der Industriekultur.

Manche Häuser verfügen über turmähnliche Anbauten, die besonders bizzar wirken.

DORTMUND | ALTES HAFENAMT

Landmarke im Dortmunder Hafen.

Das Alte Hafenamt scheint über dem Dortmunder Container Terminal zu thronen.

Das Alte Hafenamt am Rande der Industriekulisse wirkt heute sehr nostalgisch.

Gleichzeitig mit der Einweihung des Dortmunder Hafens am 11. August 1899 feierte man auch jene des Alten Hafenamtes. Es wurde nach den Entwürfen von Stadtbaurat Friedrich Kullich errichtet und erinnert mit seinem sechseckigen Grundriss nicht rein zufällig an einen Leuchtturm. Verstärkt wird dieser Eindruck vom Umlauf des Turmes. In seinem Innern richtete man ein „Kaiserzimmer" ein, an dessen Außenbrüstung die Wappen der Städte Dortmund und Emden von Delphinen prangen. 1930 musste die Turmkrone wegen Baufälligkeit abgetragen werden. Erst 1986 wurde sie durch eine Rekonstruktion aus feuerverzinktem Stahl ersetzt, nachdem man bereits vier Jahre zuvor mit der Renovierung der Innenräume begonnen hatte.

1950 wurde schon an den Abriss des Gebäudes gedacht, heute zählt das Alte Hafenamt zu den Wahrzeichen der Dortmunder Nordstadt. Es diente der Dortmunder Hafen AG bis ins Jahr 1962 als Sitz. Seit 2007 wird das Gebäude von der Wasserschutzpolizei sowie für eine Ausstellung rund um das Thema Hafen und Schifffahrt genutzt.

■ ■ ■

Nimmt man sich etwas Zeit, entdeckt man viele kleine Details an der schönen Architektur des Alten Hafenamtes.

An der Dortmunder Strandbar, gleich gegenüber des Alten Hafenamtes, tobt an lauen Sommerabenden der „Bär". Junge Leute und die, die sich dafür halten, sind hier ständig anzutreffen.

DORTMUND | KOKEREI HANSA

Wo einst der Koks glühte …

Blick von Osten auf die weitläufige Anlage der Kokerei Hansa in Dortmund.

■ ■ ■

Die rostigen Überreste der alten Großkokerei und das üppig wuchernde Grün der Natur, die sich Jahr für Jahr mehr von dem großen Gelände zurückerobert, bilden einen eigentümlichen Gegensatz.

Ein Rundgang über das weitläufige Gelände offenbart die heutigen Gegensätze von Industrie und Natur.

Einst war sie eine der bekanntesten Anlagen ihrer Art – die Kokerei Hansa in Dortmund. Sie wurde in den Jahren 1927/28 errichtet, ebenso wie die gleichnamige Zeche ganz in der Nähe. Später diente die Großkokerei der Versorgung des Hüttenwerkes der Dortmunder Union. 1992 erloschen hier nach nur sechs Jahren alle Feuer und der Kokereibetrieb lag still. Was nun folgte, war die Aufarbeitung der Geschichte der Industriekultur. Heute befindet sich auf Hansa der Sitz der Stiftung Industriedenkmalpflege, die einen Teil der Anlage unter Denkmalschutz stellen ließ.

Nach der Stilllegung begann die Natur sich Raum zurückzuerobern. Im Sommer wuchert das Grün völlig ungeniert zwischen den rostigen Rohren und Eisenträgern.

Einklang von Natur und ehemaliger Industrie.

DORTMUND | LANSTROPER EI

Hier wurde Druck gemacht.

Weithin sichtbar ist die 18,30 Meter hohe und 14 Meter breite Stahlkonrtuktion des Wasserspeichers, dessen Gesamthöhe 60 Meter beträgt.

■ ■ ■

Nur den massiven Protesten von Anwohnern ist es zu verdanken, dass das Lanstroper Ei heute noch als Landmarke erhalten ist.

Das Lanstroper Ein am Straßenrand …

Der alte stählerne Wasserturm in K-Fachwerk-Bauweise, das Lanstroper Ei, taucht schon aus der Ferne über den nördlichen Dortmunder Wiesen auf. Bis 1980 diente er der Wasserversorgung von Lanstrop, Derne, Mengede, Brambauer und Teilen der Stadt Lünen. Jetzt hat er ausgedient und steht als Wasserturm ohne Füllung und außer Betrieb da. Die Konstruktion entstand in den Jahren 1904/05, nachdem sich der Dortmunder Bergwerksdirektor Robert Müser mehrfach beim Wasserwerk über mangelnden Wasserdruck beschwert hatte und gar mit Kündigung der Lieferverträge drohte. Der daraufhin entstandene Hochbehälter versorgte fortan die umliegenden Zechen der Harpener Bergbau AG mit gleichmäßigem Wasserdruck. Das begehrte Nass wurde hier besonders für die Dampfkessel sowie die Waschkaue der Kumpel benötigt.

Diese offene Stahlkonstruktion, benannt nach dem Entwickler Barkhausen, ist eine der letzten erhaltenen ihrer Art. Mit einer Höhe von 18,30 Metern und einem Durchmesser von 14 Metern nahm der Behälter 2.000 Kubikmeter Wasser auf. Abrisspläne stießen auf Widerstand bei den Anwohnern, die ihr Lanstroper Ei als liebgewonnene Landmarke sehen.

DORTMUND | ZECHE GNEISENAU

Wenn genug nicht genug ist.

Die beiden noch erhaltenen Fördergerüste der ehemaligen Zeche Gneisenau im Abendlicht.

Nicht mehr viel los hier, auf dem großflächigen ehemaligen Betriebsgelände der Zeche Gneisenau im Dortmunder Norden.

Die beiden heute noch bestehenden Fördergerüste der ehemaligen Zeche Gneisenau zeugen von einer Zeit, in der der Bergbau in Dortmund-Derne eine wichtige Rolle spielte. In ihrer Blütezeit 1970 standen unter Führung des RAG-Konzerns an diesem Standort mehr als 6000 Beschäftigte in Lohn und Brot. Sie zeichneten für eine Jahresproduktion von 4,5 Millionen Tonnen Kohle verantwortlich. Diese Emsigkeit hielt bis zum 4. August 1985 an. Dann wurde die Förderung eingestellt und der Zechenbetrieb stillgelegt. Die angegliederte Kokerei produzierte noch bis 1989, dann war auch

1985 war für die Zeche Gneisenau in Dortmund Schluss. Heute liegen die Überreste der Anlage in einem kleinen, überschaubaren Park.

hier Schluss und der aktive Zechenbetrieb auf Gneisenau wie an so vielen Standorten im Revier Geschichte.

Neben vereinzelten Betriebsgebäuden sind ein Tomson-Bock- sowie das Doppelbock-Fördergerüst als Industriedenkmal erhalten geblieben. Sie liegen in einem überschaubaren, parkähnlich angelegten Grüngürtel, den die Anwohner des umliegenden Arbeiterviertels zur Naherholung nutzen. Auf einem angegliederten Teilstück betreibt seit 2006 eine Einzelhandelskette einen Supermarkt.

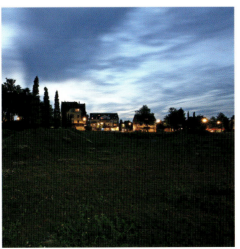

Die kleine Parkanlage auf dem ehemaligen Zechengelände wird zur Naherholung genutzt.

DUISBURG | ALSUMER BERG

Der Berg zwischen Rhein und Industrie.

Von Alsumer Berg aus hat man heute einen der besten Ausblicke auf das, was man früher mit dem Ruhrgebiet verband: die imposante Industriekulisse.

Der rote neue Hochofen ist ein weithin sichtbarer, markanter Punkt.

Eine ehemalige Schutthalde, der Alsumer Berg, landläufig auch als Beecker Halde bezeichnet, bildet heute eine der beeindruckendsten Aussichtplattformen des Ruhrgebietes. Unmittelbar am Rhein gelegen, erhebt sie sich etwa 50 Meter hoch über das umliegende Gelände.

Ursprünglich befand sich hier an der Mündung der Emscher das kleine Schiffer- und Fischdörfchen Alsum. Durch Senkungen des Bergbaus sackte das Gebiet gegenüber dem Rhein immer mehr ab, sodass versucht wurde, diesen mit Abraumverfüllungen entgegenzuwirken.

Da Alsum im Zweiten Weltkrieg fast völlig zerstört wurde, begann ab Mitte der 1950-er Jahre die Umsiedlung der verbliebenen Bewohner. Fortan nutze die Stadt Duisburg das Gelände zur Ablagerung von Kriegstrümmern und Schutt.

Heute präsentiert sich die Halde als Grünfläche, die zum Landschaftsschutzgebiet erklärt wurde. Ein Gedenkkreuz auf dem Gipfel erinnert an die ehemalige Siedlung. Von dort oben findet der Besucher das, was vom einstigen Ruhrgebietsgefühl übrig blieb: das Stahlwerk und die Kokerei Schwelgern.

Auf der einen Seite der Rhein und das Grün der Natur, auf der anderen Seite die imposante Industriekulisse. Das gibt es so nur vom Alsumer Berg zu sehen.

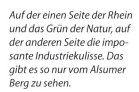

Nicht nur tagsüber ist die Industriekulisse gegenüber des Alsumer Bergs einen Besuch wert. Gerade in der Dunkelheit beeindrucken die vielen Lichter den Besucher und ziehen ihn in ihren Bann.

DUISBURG | HÜTTENWERK SCHWELGERN

Wo es noch brodelt, faucht und kocht.

Abendlicher Brummitreff unter dem fauchenden Hochofen hinter der Kaiser-Wilhelm-Straße.

Der Matena-Tunnel schlängelt sich über 400 Meter unter das aktive Thyssen-Krupp-Stahlwerk. Er diente in zahlreichen Schimanski-Tatort-Krimis als Kulisse.

Es gibt nicht mehr viele Orte im Revier, an denen man den Charakter des einstigen Ruhrgebiets auch heute noch wahrhaftig erleben kann. Wer ihn sucht, muss sich nach Duisburg in die Nähe des Thyssen-Werksgeländes begeben und das am besten zu Fuß. Kaum sonstwo ist die Industrie den Menschen noch so nahe wie hier. Gut abgeschottet hinter hohen Werksmauern aus Ziegelstein auf „verbotenem Gelände" wird zwischen Bruckhausen und Marxloh Koks der feinsten Sorte gebacken und Stahl von höchster Qualität erzeugt. Rings um das riesige Werksareal scheint die Zeit

Wer etwas von dem erleben möchte, das einst das Ruhrgebiet ausmachte, muss sich nach Duisburg in die Nähe des Thyssen-Krupp-Werkes begeben.

still zu stehen. Die dicht an dicht diesseits der Mauer stehenden Mehrfamilienhäuser der Arbeiter sind schwarz gefärbt vom Rauch der Schlote. Sie zeugen von einer besseren Zeit, als hier noch Leben herrschte. Viele Wohnungen scheinen unbewohnt, stehen leer. Durchstreift man die engen Straßen, fällt auf, dass Deutsche hier kaum mehr anzutreffen sind. Ähnlich bedrückend wie der Gang durch die Wohnstraßen parallel zur Kaiser-Wilhelm-Straße ist eine Fahrt durch den Matena-Tunnel. Er verläuft 400 Meter lang unter dem aktiven Stahlwerk von Thyssen-Krupp und diente in zahlreichen Schimanski-Krimis als Ruhrgebietskulisse.

Kaum sonstwo ist die Schwerindustrie im alltäglichen Leben so präsent wie in Duisburg-Bruckhausen.

DUISBURG | INNENHAFEN

Zwischen alten Speichern und Lifestyle-Leben.

Wer den Duisburger Innenhafen am Abend besucht, wird vom Anblick der beleuchteten Kulisse begeistert sein.

■ ■ ■

Vom Schweiß der körperlich harten Arbeit ist heute im Innenhafen nicht mehr viel zu spüren. Neben Büros und dem MKM Museum Küppersmühle überwiegt hier die Gastronomie, die zum Verweilen einlädt.

Die alte Speicherstadt präsentiert sich heute als Flaniermeile mit besonderem Charme.

1993 feierte der Duisburger Innenhafen sein 100-jähriges Jubiläum. Damals war noch nicht klar, welch brillante Zukunft ihm noch bevorstehen würde. Nachdem der Wandel vom Industriehafen zur Flaniermeile vollzogen war, ist er täglich Ziel für zahlreiche Büroangestellte und Unterhaltung suchende Freizeitbesucher. Spaziergänger haben die Wahl zwischen verschiedenen Möglichkeiten diese Gegend zu erkunden, ob in einer Stunde rund um den Innenhafen oder die Abkürzung quer durch die kleinen Gassen und über die filigrane Marina-Hängebrücke in eines der Museen. Eine eindrucksvolle Kulisse ist dem Besucher in jedem Fall sicher. Wer einen Rückblick in die Geschichte wagen möchte, stattet dem Stadthistorischen Museum einen Besuch ab. Andere bevorzugen das MKM Museum Küppersmühle.

Die Marina im Duisburger Innenhafen.

DUISBURG | LANDSCHAFTSPARK DUISBURG-NORD

Lichtspektakel in der Industriekulisse.

So präsentiert sich der Landschaftspark Duisburg-Nord in der Abendstimmung – ein buntes Lichtspektakel mit Wechselwirkung.

Die Natur hat sich einen großen Teil des Geländes zurückerobert.

Der Landschaftspark Duisburg-Nord zählt heute zu den beeindruckendsten Industriedenkmälern im Revier. Nachdem die Anlage Anfang der 1990-er Jahre für den Publikumsverkehr umgestaltet wurde, hat die Öffentlichkeit seit 1994 Zutritt zu dem weitläufigen, ehemaligen Hüttenwerk. Dort wo früher Arbeiter an fünf Hochöfen schuftend Stahl produzierten, trifft man heute auf Besucher, Wanderer, Radfahrer, Sportvereine und Leute, die den Park für sich entdeckt haben. Taucher, die im einstigen Gasometer trainieren oder Mitglieder des Deutschen Alpenvereins, die die Wände der Erzbunkeranlage für ihr Terrain entdeckt haben – hier kommt jeder auf seine Kosten.

Besonders faszinierend ist die Illuminierung, die bei Dunkelheit die ganze Anlage in farbiges Licht taucht. In Szene gesetzt hat dies der Lichtkünstler Jonathan Park. Der ehemalige Hochofen 5 ist heute bis zur Spitze begehbar und sorgt bei Besuchern für ein Erlebnis der herausragenden Art. Der Blick über das Ruhrgebiet ist von hier oben schon ziemlich einzigartig. Hinzu kommt in den Abendstunden die einmalige Stimmung durch die unterschiedlich farbige Beleuchtung.

■ ■ ■

Ganz gleich, ob man dem Landschaftspark Duisburg-Nord einen Besuch bei Tag oder Nacht abstattet, wer den Weg auf den ehemaligen Hochofen 5 nicht scheut, ist überwältigt von diesem Erlebnis.

Das Gelände ist sehr weitläufig und wer einen Eindruck von der Gesamtanlage bekommen möchte, dem sei ein Besteigen der nördlichen Halde angeraten. Der Blick von hier oben entschädigt für die Mühe des Aufstiegs.

DUISBURG | RHEINBRÜCKE NEUENKAMP

Rheinquerung für 100.000 Autos täglich …

Die Spannweite der von zwei gewaltigen Stützpfeilern in der Mitte getragenen Rheinbrücke Neuenkamp beträgt 777,4 Meter.

■ ■ ■

Dass täglich um die 100.000 Fahrzeuge die gewaltige Rheinbrücke passieren, ist erst vorstellbar, wenn man sie einmal besucht. Dazu laden die weitläufigen Wiesen entlang des Rhein zu jeder Jahreszeit ein.

Der Blick von der westlichen Brückenseite ist hervorragend.

Die Duisburger Rheinbrücke Neuenkamp ist für 100.000 Kraftfahrer täglich eine der wichtigsten Ost-West-Verbindungen über den Rhein. Erbaut wurde das mächtige Bauwerk von 1966 bis 1971. Die Kosten betrugen damals etwa 37 Millionen Mark. Mit ihren sechs Fahrspuren sowie Geh- und Radwegen führt sie 777,4 Meter über den Rhein und zählt damit zu den längsten ihrer Art im Revier. Die als Mittelträger-Schrägseilkonstruktion erstellte Brücke aus Stahl wird von zwei 50 Meter hohen, begehbaren Stahlpylonen getragen, die in der Fahrbahnmitte positioniert sind.

In den Jahren 2004 bis 2006 wurde die Brücke einer umfangreichen Sanierung unterzogen. Besonderes Augenmerk musste dabei auf die Seilgruppen gelegt werden. Ihr Lacküberzug war mit den Jahren durch Reibung beschädigt worden.

Beginn einer eindrucksvollen Flussquerung ...

DUISBURG | THEATER DUISBURG

Die gute Stube der Stadt.

Das betont historisch anmutende Theatergebäude aus dem Jahr 1912 zählt zu den markantesten Bauwerken der Stadt.

Im Krieg wurde das Duisburger Theater durch einen Bombenangriff am 20. Dezember 1942 nahezu völlig zerstört und erst in den 1950-er Jahren wieder aufgebaut.

Wenn Außenstehende an Duisburg denken, fällt ihnen sicher nicht zuerst das Theater der Ruhrgebietsstadt ein. Dabei gehört das Gebäude zu den außergewöhnlichsten Bauwerken, die die Stadt zu bieten hat. Die sechs Säulen vor dem Eingang vermitteln etwas von der Antike und haben etwas Majestätisches. Dabei wurde es erst 1912 eingeweiht. Seither ist es das kulturelle Zentrum der Stadt.

Schräg gegenüber entstand erst im Jahre 2005 das neue City Palais. Als Konzerthalle der Duisburger Philharmoniker mit modernster Architektur steht es im krassen Gegensatz zu dem altehrwürdigen Theatergebäude.

Mitten im Herzen der Ruhrgebietsstadt finden Besucher das Theater, das Einkaufszentrum „Forum" und das City Palais.

Ebenfalls in diesem gewaltigen Gebäudekomplex untergebracht sind die neue Mercatorhalle, das Duisburger Casino und verschiedene Gastronomiebetriebe unterschiedlichster Provenienz.

Zwischen Theater, dem City Palais, der Duisburger Flaniermeile, der Königstraße, und dem angrenzenden neuen Einkaufszentrum „Forum" lädt ein attraktiv gestalteter Platz insbesondere in den Sommermonaten die Einkaufenden zum Verweilen ein. Eine überdimensionale, goldene Himmelsleiter auf dem Dach des „Forums" weist Unwissenden den Weg hierher.

Das Duisburger Theater mit seinem markanten Gebäude bietet mehr als 1.100 Zuschauern Platz.

ESSEN | GLEISPARK FRINTROP

Wo früher die Dampfloks rauschten.

Eine Fußgängerbrücke unterquert die verbliebenen Gleise und verbindet den Gleispark mit dem Wohnviertel an der Dellwiger Straße.

Die 135 Meter lange rote Rohrbogenbrücke verbindet die beiden Städte Essen und Oberhausen.

Auf dem ehemaligen Gelände des Güterbahnhofs in Essen-Frintrop, an der Grenze zu Oberhausen, entstand auf einem 25 Hektar großen Areal ein Landschaftspark der anderen Art. Dort, wo früher einmal die Gleisstränge der Köln Minderer Eisenbahn verliefen und dem Rangierbetrieb dienten, lässt es sich heute gut entspannen. Fest angelegte Wege führen durch eine steppenartige Landschaft, die nur spärlichen Pflanzenwuchs hervorbringt. Durch die von den Waggons gefallenen Substanzen wie Stahl, Kohle, Eisenerz und Kalk sowie des Schotters der einstigen Gleisanlagen ist

Der Gleispark Frintrop präsentiert sich karg und trocken. Über fest angelegte Wege können Besucher die weitläufige Anlage erschließen.

der Boden sehr trocken. Auffallend ist der große Bestand an Birken, die sich hier breit gemacht haben. An einigen Stellen sind Aussichtsplattformen aufgestellt, die den einstigen Verlauf der alten Trassen erkennen lassen. Nach Osten breitet sich der Park fast bis zum Oberhausener Centro aus.

Eine 135 Meter lange rote Bogenbrücke über dem Gleispark verbindet seit April 2009 wieder die beiden Städte Essen und Oberhausen. Abends werden die imposant geschwungenen Bogen angestrahlt, was das attraktive Bauwerk besonders herausstellt.

Aussichtsplattformen lassen die alten Schienenverläufe an manchen Stellen erahnen.

ESSEN | GRUGAPARK

Der grüne Klassiker in Essen.

In der Außengastronomie des Grugaparks lässt man es sich gern gut gehen.

Die ausgedehnten Wiesen des Grugaparks laden gerade in den Sommermonaten hunderte von Gästen zum Ausruhen, Faulenzen oder zu sportlichen Aktivitäten ein.

Der Essener Grugapark wurde in den Jahren 1927 und 1929 angelegt. Seine Entstehung verdankt die Anlage der Großen Ruhrländischen Gartenbau-Ausstellung, dessen Anfangsbuchstaben auch zur Namensfindung dienten. Zahlreiche Essener Alleen steuerten dazu einen großen Teil ihres Bestandes an jungen Bäumen an die neue Grünanlage der Stadt bei. Die aufwändige Gartenarchitektur trug damals dazu bei, dass sich rund zwei Millionen Besucher diese Schau ansahen. 1938 wurde der Grugapark erweitert. Eine der neuen Attraktionen war die dampfgetriebene Liliputbahn,

Längst ist der Grugapark mehr als nur ein Garten. Insbesondere in der Essener Szene sind die Abende an lauen Sommertagen Kult und werden von Jung und Alt gerne besucht.

mit der sich Besucher durch den Park fahren lassen konnten. Im Zweiten Weltkrieg wurde die Gruga nahezu völlig zerstört und erst 1949 zunächst der Blumenhof wieder aufgebaut und 1952 weitere Anlagen komplettiert. 1965 fand auf dem Gelände die Bundesgartenschau statt. Heute dient der Park zur Naherholung und als Ruheoase. Im Sommer ziehen zahlreiche Veranstaltung Tausende von Gästen an. Durch die Erweiterung der Essener Messe haben sich die Umrisse der Gruga verändert. Ihre Fläche umfasst heute knapp 70 Hektar. In die Jahre gekommen ist die Gruga nie und mehr denn je ein beliebter Treffpunkt.

Der Haupteingang zum Grugapark zwischen Grugahalle und Essener Messe.

ESSEN | HEISINGER RUHRAUE

Entspannung am Rande der Großstadt.

Die weitläufigen Wiesen entlang der Heisinger Ruhraue sind weitgehend naturbelassen.

■ ■ ■

In den Heisinger Ruhrauen finden sich immer wieder Naturliebhaber, die Flora und Fauna beobachten und sich daran erfreuen.

Blick vom Ruhrufer auf die Konrad-Adenauer-Brücke.

Im Essener Süden finden Erholungsuchende reichlich Potential. Ihnen steht mit den Heisinger Ruhrauen ein 150 Hektar großes, unter Naturschutz stehendes Areal für die Naherholung und ausgedehnte Ausflüge zur Verfügung. Die Aue ist das größte Essener Schutzgebiet. Zu ihr gehören Feucht- und Nasswiesen, die auch landwirtschaftlichen Zwecken dienen. Sie werden erst gemäht, wenn die Brutzeit der dort lebenden Vögel vorüber ist. Dadurch werden Jungtiere nicht gefährdet. Aus abgetrennten Flussarmen entwickelten sich mit den Jahren Wasserflächen und Tümpel, die durch Absenkungen des Bergbaus begünstigt wurden. Regelmäßige Überflutungen fördern den Artenreichtum der Tiere. Die Heisinger Ruhraue zählt zu den wenigen naturbelassenen Auen in ganz Europa, die größtenteils sich selbst überlassen ist.

Ganz hinten der Förderturm der Zeche Carl Funke.

ESSEN | KRUPP-PARK

Der Krupp-Gürtel ist jetzt grün.

Das ThyssenKrupp „Quartier" am Berthold-Beitz-Boulevard, direkt neben dem Krupp-Park, ist auch aus der Entfernung eine imposante Erscheinung.

Besonders in den Abendstunden ist das riesige Areal des Krupp-Parks gegenüber des neuen Thyssen-Krupp Quartiers mit ihren vielen Lichtern beeindruckend.

Damit der neue Krupp-Park, dessen Gelände früher in einer Senke lag, entstehen konnte, mussten 430.000 Kubikmeter Erde zu einer ansprechenden Hügellandschaft herangeschafft und modelliert werden. Das 220.000 Quadratmeter große Gelände entwickelte sich nach einer zweijährigen Bauzeit zur attraktiven Freizeitzone mit vielen Atrraktionen ganz in der Nähe der Essener Innenstadt.

Entlang des 9.100 Quadratmeter großen Sees im nördlichen Teil, der ausschließlich durch Regenwasser gespeist wird, lässt es sich in den Sommermonaten auf Bänken

■ ■ ■

Mitten in Essen wurde der Krupp-Park zur grünen Lunge der Stadt. Das große Areal rund um die neue Unternehmenszentrale ist für Interessierte jederzeit einen Besuch wert.

oder der angrenzenden Liegewiese bestens aushalten. Ein Spaziergang durch die sanfte Hügellandschaft ist besonders wegen der sich ständig verändernden Perspektiven und Aussichten reizvoll. Im Ost kann sich der Blick des Betrachters kaum der neuen, imposanten Unternehmenszentrale von ThyssenKrupp, dem „Quartier" genannten Bau, entziehen. Im Norden traucht am Horizont der alte Förderturm der ehemaligen Zeche Amalie auf und weckt damit Erinnerungen an längst vergangene Zeiten. Zwischendurch trifft man immer wieder auf Parkbesucher, die die neue Grünanlage mitten in der Stadt sichtlich genießen.

Die vielseitig angelegte Parkanlage bietet für Groß und Klein zahlreiche Betätigungsmöglichkeiten.

ESSEN | VILLA HÜGEL

Ein Zuhause der anderen Art.

Die Villa Hügel aus der Gartenansicht. Allein der schön angelegte und bestens gepflegte Park des Hauses ist eine Augenweide.

Von der Terrasse auf der Rückseite der Villa Hügel hat man einen traumhaften Blick auf den Hügel-Park. An einigen Stellen kann man trotz der mächtig hohen Bäume noch auf den Baldeneysee schauen.

Das ehemalige Wohn- und Präsentationsgebäude der Familie Krupp, die Villa Hügel, wurde 1873 von dem Industriellen Alfred Krupp erbaut. Dafür erwarb er an prominenter Stelle im Essener Süden ein 28 Hektar großes Grundstück, auf dem einst das Gut Klosterbuschhof angesiedelt war. Die Wohn- und Nutzfläche der Villa beträgt 8100 Quadratmeter und verfügt über 269 Räume. Waren die Räume zunächst nach seinem Erbauer zweckorientiert und eher bescheiden ausgerichtet, legte Friedrich Alfred Krupp mehr Wert auf prächtige und komfortable Wohnräume. Zusammen

Die Villa Hügel mit dem wundervollen Park präsentiert sich auch heute noch prunkvoll dem Besucher.

mit seiner Frau Margarethe legte er damit den Grundstock für die Krupp'sche Kunstsammlung.

Bertha Krupp, die Enkelin des Bauherrn erbte nur 16-jährig 1902 das Weltunternehmen. Vier Jahre später heiratete sie Gustav von Bohlen und Halbach, zog in die Villa Hügel ein, was dem Haus zahlreiche Umbauten bescherte. Seit 1953 finden im Großen Haus neben bedeutenden Kunstausstellungen auch Kammerkonzerte statt. Das Kleine Haus präsentiert in einer Ausstellung eindrucksvoll die Geschichte der Firma und Unternehmerfamilie Krupp.

Einfahrt in den Hügel-Park gibt es nur durch die Passierschranken an den Pförtnerhäuschen.

GELSENKIRCHEN | CONSOL-PARK

Erst die Arbeit, dann das Vergnügen.

Das große ehemalige Zechengelände von Consolidation in Gelsenkirchen-Bismarck ist heute zentrale Drehscheibe für sportlich orientierte Freizeitaktivitäten.

Durch die abendliche Illumination verschiedener Objekte auf dem Gelände ist der Consol-Park auch am Abend eine attraktive Erscheinung.

Eine der Zechen, die einen ganzen Stadtteil in Gelsenkirchen prägte, war das Bergwerk Consolidation. Noch heute weisen die umliegenden typischen Arbeiterhäuser auf diese Zeit hin. Mitte der 1990-er Jahre war diese Ära vorüber und das ehemalige Betriebsgelände verkam zur Industriebrache. Verbliebene Altlasten wurden gesichert und entsorgt, der Consol-Park entstand. Seither steht er den Anwohnern für ein attraktives Freizeitangebot zur Verfügung.

Das Außengelände mit seinen modellierten Flächen verfügt über robuste Rasen- und Spielflächen, eine insbesondere

Rund um den Consol-Park lassen noch zahlreiche Objekte auf die industrielle Vergangenheit schließen.

bei Jugendlichen beliebte Skaterbahn sowie über Plätze für Beachvolleyball, Basketball und Inlinehockey. Auch eine kleine Sportanlage für Mehrzwecksportarten ist vorhanden. Dichte Baumbepflanzungen schirmen die Anlage zur Wohnbebauung ab. Ein Fuß- und Radweg schließt das Gelände über die alte Güterbahntrasse an den Emscher Park Radweg an.

Im ehemaligen Werksbau von Schacht 4 ist ein attraktives Kulturangebot entstanden. Besonders die Veranstaltungen für Kinder und Jugendliche sowie das Seniorentheater sind zu erwähnen.

Dort, wo früher geschuftet wurde, haben heute Freizeitangebote Vorrang.

GELSENKIRCHEN | HALDE RUNGENBERG + SIEDLUNG SCHÜNGELBERG

Wenn in Schüngelberg die Lichter angehen …

Die Siedlung Schüngelberg liegt der Halde Rungenberg zu Füßen. Ganz weit hinten am Horizont ist die Halde von Scholven sichtbar.

Blick von der Halde Rungenberg auf die zu Füßen liegende Siedlung Schüngelberg.

Als der Bergbau noch den Rhythmus des Lebens in Gelsenkirchen bestimmte, wurden immer mehr Arbeitskräfte und damit auch Wohnraum benötigt. Eine der damals entstandenen typischen Bergarbeiter-Zentren ist die Siedlung Schüngelberg im Stadtteil Buer. Erbaut wurden die 309 Wohnungen ab 1897 nach den Plänen des Baumeisters Wilhelm Johow für die Bergleute der benachbarten Zeche Hugo. Sein Siedlungskonzept sah eine ringförmige Anordnung der Häuser um einen zentralen Fest- und Gedenkplatz vor. In den 1970-er Jahren drohte der Siedlung fast der Totalabriss, welcher gerade noch verhindert werden konnte. In den 1990-er Jahre folgte eine denkmalgerechte Sanierung der Siedlung.

Unmittelbar zwischen der Siedlung Schüngelberg und der Autobahn A2 liegt die Halde Rungenberg. Ihre Existenz verdankt die Halde mit dem markanten Doppelgipfel den benachbarten Bergwerken Hugo und Ewald. Auf den beiden Gipfeln thront jeweils eine Lichtplastik, die weit sichtbar eine Pyramide in den Nachthimmel zeichnen.

Die gewaltige Halde Rungenberg ist in der Siedlung Schüngelberg allgegenwärtig.

Die beiden gewaltigen Lichtkanonen zeichnen mit ihrem Lichtkegel eine Pyramide in den dunklen Nachthimmel. Ihre Dimensionen werden erst deutlich, wenn man sich einmal zu ihnen hinauf begibt.

GELSENKIRCHEN | KRAFTWERK SCHOLVEN

Verdammt nah dran.

Die 115 Meter hohen Schlote lassen die Wohnhäuser im Vordergrund wie Spielzeuge erscheinen.

Das Kraftwerk Scholven ist wegen seiner gewaltigen Größe aus keiner Richtung zu übersehen.

Der Grundstein für das gewaltige Kraftwerk Scholven wurde in den Jahren 1968 und 1971 gelegt. Mit vier Blöcken zählte es schon in den siebziger Jahren zu den Giganten. 1979 gesellte sich mit dem Block F noch ein großer Bruder hinzu. Heute zählt die Anlage zu den größten Steinkohlekraftwerken in Europa. Es versorgt drei Millionen Haushalte mit Strom und stellt eine Leistung von 676 Megawatt bereit. Der dafür benötigte Rohstoff kommt teilweise ganz aus der Nähe. Die Zechen Prosper Haniel in Bottrop und Auguste Victoria in Marl liefern bis zu 40% des „Schwarzen Goldes". 1985 kam ein Fernwärmekraftwerk hinzu. Mit seiner Produktion werden Teile der Städte Gladbeck, Marl, Gelsenkirchen-Buer, Herten, Recklinghausen und Bochum versorgt. Aus der Ferne betrachtet, wirkt die riesige Industrieanlage ziemlich bedrückend auf die umliegenden Wohngebiete.

Mehr als 1000 Lampen glühen …   *… in der Nacht auf Scholven.*

GELSENKIRCHEN | NORDSTERNPARK

Als die Kumpels gingen, kam die BUGA …

Der Nordsternpark noch ohne sein neues Wahrzeichen, die 18 Meter hohe Skulptur „Herkules".

■ ■ ■

Nachdem die Kumpel auf Nordstern gegangen sind, hat sich das Gelände Dank der Bundesgartenschau 1997 völlig gewandelt. Heute stehen hier Naherholung und Freizeit im Vordergrund.

Direkt am Rhein-Herne-Kanal lädt ganz weit hinten das Amphitheater zu Veranstaltungen ein.

Nachdem auf Nordstern endgültig die Lichter ausgingen, stellte sich die Frage: Was nun? Was kam, war die Bundesgartenschau im Jahr 1997. Sie ermöglichte die Umgestaltung des Geländes in einen Landschaftspark des neuen Typs. Hier sollte Bergbaugeschichte lebendig bleiben. Alte Gebäude blieben erhalten und wurden in die Neugestaltung mit einbezogen. In die ehemalige Lohnhalle zogen Büros ein. „Der Deutschland Express", eine Modelleisenbahnanlage, lädt als touristische Attraktion ein. Die große Grünfläche ist für jedermann zugänglich und kann jederzeit zur Naherholung genutzt werden. Seit dem 18. Dezember 2010 hat das Gelände eine neue Attraktion. Auf Schacht 2 thront seitdem die von dem Düsseldorfer Künstler Markus Lüperts geschaffene 18 Meter hohe Skulptur „Herkules", die nicht unumstritten ist.

Der „Herkules" wacht auf Schacht 2.

GELSENKIRCHEN | SCHLOSS BERGE

Die gute Stube der Stadt.

Die Schlossanlage ist seit 1924 im Besitz der Stadt und beherbergt einen Hotel- und Restaurantbetrieb.

Rund um das schmucke Schloss lädt eine im Barockstil angelegte Parkanlage mit altem Baumbestand und schön angelegten Beeten zum Spaziergang ein.

Umgeben von Wassergräben liegt auf der Südseite des Buerschen Berges im gleichnamigen Gelsenkirchener Stadtteil das Schloss Berge. Erbaut wurde es als Wasserburg und war bis 1433 Stammsitz der Familie von Berge. Anschließend folgten mehrere Besitzerwechsel, bevor in der ersten Hälfte des 16. Jahrhunderts die Anlage zu einem Schloss umgebaut wurde. Gegen Ende des 18. Jahrhunderts veränderten verschiedene An- und Umbauten noch einmal stark ihren Charakter. Zu jener Zeit war es auch, als ein erster Park um das Schloss angelegt wurde.

■ ■ ■

Das mit viel Liebe zum Detail restaurierte Schloss zählt heute zur ersten Adresse in der Stadt.

1924 kaufte die Stadt Buer das Anwesen, das heute aus der unbebauten Vorburginsel und dem Haupthaus, welches von Westen zugänglich ist, besteht. Dort sind ein Hotel- und Restaurantbetrieb mit hervorragender Küche untergebracht, die beide zur guten Stube der Stadt zählen. Beide werden gerne bei besonderen Anlässen genutzt. Umgeben wird das Schloss vom Berger See, einer gepflegten Barockgartenanlage sowie dem Gelsenkirchener Stadtwald, der heute als Naherholungsgebiet für die angrenzenden Bewohner dient. Alljährliches Highlight ist ein Sommerfest mit großem Feuerwerk.

Im Schlosscafé mit Blick auf den hübschen Park lässt es sich gut genießen.

GELSENKIRCHEN | SIEDLUNG FLÖZ DICKEBANK

Das Zuhause der Bergleute.

Bei einem Rundgang durch die gepflegte Siedlung Flöz Dickebank fühlt man sich in eine andere Zeit versetzt.

Die schön renovierten Mehrfamilienhäuser und die sauberen Straßen mit den dicken, alten Bäumen auf den breiten Gehwegen wirken heute sehr beschaulich.

Die Gelsenkirchener Bergarbeitersiedlung Flöz Dickebank im Stadtteil Ückendorf gehört zu den ältesten im Revier. Sie entstand ab 1868 als Kolonie Ottilienaue für die Kumpel der Zechen Alma, Holland und Rheinelbe. Als ihr 1972 der Abriss drohte, weil anstelle der Zwei- bis Vierfamilienhäuser 4- bis 12- geschossige Plattenbauten errichtete werden sollten, regte sich heftiger Widerstand bei den Bewohnern. Durch die entsprechenden Berichte in der Presse erlangten sie nicht nur regionale Bekanntheit. In dieser Zeit wurde Gelsenkirchen das Zentrum der Bürgerinitiativen, die sich gegen

Die Atmosphäre in der Siedlung Flöz Dickebank hat sich über die vielen Jahre kaum verändert. Hier scheint Zeit eine untergeordnete Rolle zu spielen, Lebensqualität ist das, was zählt.

die Kahlschlagsanierung zahlreicher Arbeiterkolonien auflehnten. Im Jahr 1976 führte das sogar dazu, dass hier der „Kongress zur Erhaltung von Arbeitsteilungen" stattfand. Es gibt sogar eine Filmdokumentation über diese Zeit, die Studenten der Berliner Filmakademie erarbeitet haben. Da auch Zwangsräumungen einiger Häuser die engagierten Widerstandskämpfer nicht entmutigen konnten, gewannen sie schließlich den Kampf. Ab 1979 begann man die Siedlung teilweise zu modernisieren. Der Kampf der Arbeiter hatte sich also gelohnt, Flöz Dickebank ist heute ein attraktives Ziel auf der Route der Industriekultur.

Der typische Baustil in der Siedlung aus jener Zeit mit Vorder- und Hinterhaus.

HAMM | ZECHE RADBOD

Was von Kohle, Staub und Schweiß blieb.

Kaum anderswo im heutigen Revier bekommt man ein Gefühl von dem, wie es früher „auf Zeche" zugegangen sein muss, wie hier auf Radbod.

■ ■ ■

Das Gelände der Zeche Radbod in Hamm ist für Nostalgiker, die heute noch einmal das Gefühl von Zeche erleben möchten, einen Besuch wert. Kaum anderswo im Ruhrgebiet von heute wird dieses Gefühl so gut transportiert wie hier.

Eines der wenigen erhaltenen Gebäude.

Die Schächte 1 und 2 der Zeche Radbod

Hier in Hamm, zwischen den noch verbliebenen Tagesanlagen der 1906 in Betrieb genommenen Zeche Radbod mit ihren Schächten I, II und V, ist heute die beste Zeit der Montanindustrie nachvollziehbar. Beim Rundgang zwischen den alten noch erhaltenen Gebäuden kann man sich vorstellen, wie es damals zugegangen sein muss. Wie es wirklich war, lässt sich heute aber kaum noch erahnen. Gerade hier auf Radbod gab es einige unvergessene Unglücke. Brände und Explosionen waren keine Seltenheit, 1908 gar eine Katastrophe, die 350 Menschen das Leben kostete. Heute, nachdem die Zeche 1990 stillgelegt wurde, gehört der Standort zur Stiftung Industriedenkmalpflege. Anstelle harter Arbeit finden im „Kulturrevier Radbod" Konzerte, kulturelle Veranstaltungen und Parties statt.

Unverkennbar: Radbod ist allgegenwärtig.

HERNE | AKADEMIE MONT-CENIS

Schritt für Schritt in die Zukunft.

Die Lichtinstallation „Oval Light" des Künstlers Mischa Kuball umgibt den gläsernen Koloss in der Dunkelheit mit seinem blauen Licht.

Der Glaspalast auf der grünen Wiese, mitten auf dem Gelände der ehemaligen Zeche Mont-Cenis, ist ein Bauwerk, das die Blicke auf sich zieht.

Auf dem Gelände der ehemaligen Zeche Mont-Cenis in Herne breitet sich heute ein großes, gläsernes Gebäude aus: Die Fortbildungsakademie des Innenministeriums NRW. Mit einer 170 Meter langen, 75 Meter breiten und 15 Meter hohen Mikroklimahülle ist sie auf dem ehemaligen Zechengelände seit 1999 unübersehbar. Die aus einem Tragwerk aus Holzrechteckprofilen bestehende Konstruktion mit über 20.000 Quadratmetern Glas ist umgeben von einer „Oval Light" genannten Lichtinstallation des Künstlers Mischa Kuball. 41 blaue, verschieden hohe Lichtpunkte, die ein Oval um das

Der Glaskasten auf der grünen Wiese – die Fortbildungsakademie Mont-Cenis beeindruckt durch ihre Dimensionen.

gläserne Gebäude beschreiben, tauchen die gesamte Anlage in der Dunkelheit in ein mystisches Licht.

Dort, wo ab 1871 mit viel Lärm und Schweiß ungezählte Tonnen Kohle gefördert wurden, wird heute bei besonderem Mittelmeerklima, unter architektonischen Visionen und mit ökologischer Vernunft die Basis für qualitativ hochwertige Bewältigung der Verwaltungsaufgaben des Landes vermittelt. Die Akademie bietet neben einem festen Jahresprogramm maßgeschneiderte Lösungen für ihre Kunden an.

Die Konstruktion aus Holzbalken und sorgt für lichtdurchflutete Räume.

HERTEN | GLASHAUS

Glashaus im Herzen der Stadt.

Trotz seiner futuristischen Architektur fügt sich das Hertener Glashaus harmonisch in die umliegende Bebauung ein.

Eingang des Kommunikationszentrums in der Hertener Innenstadt.

Das Glashaus in der Hertener Innenstadt ist ein beliebter Treffpunkt für Kommunikation sowie Kultur und gleichzeitig Kongresszentrum. Hier steht nicht nur Konsum sondern Kommunikation und Bildung im Vordergrund. Äußeres Erkennungsmerkmal und Namensgeber des Hauses ist die 13 Meter hohe, im unteren Teil großzügig verglaste Rotunde, ein in der Fußgängerzone auffallender Baukörper, der einen kreisförmigen Grundriss beschreibt. Die Idee zu diesem Haus lieferte der Hertener Ehrenbürger und Fleischfabrikant Karl-Ludwig Schweisfurth. Er war es auch, der das Projekt mit einer Million Mark förderte, um es mit futuristischer Architektur voran zu bringen. Trotz seines ungewöhnlichen Designs passt es sich harmonisch den Nachbarbauten an. Nach dreijähriger Bauzeit wurde es 1994 fertiggestellt. So ungewöhnlich wie seine Architektur ist auch das Energiekonzept des Hauses. Die Beheizung erfolgt durch Fernwärme sowie „grüner Solararchitektur". Dabei wird die Luft in der Glasrotunde sowie deren Zwischenräume und Decke erwärmt, weitergeleitet und übernimmt in der kalten Jahreszeit die Beheizung der hier untergebrachten Bibliothek.

■ ■ ■

Wer das Hertener Glashaus noch nicht kennt, wirft gerne einen zweiten und auch einen dritten Blick auf das ungewöhnlich gestaltete Objekt.

Tags wie nachts ist das Glashaus ein optischer Anziehungspunkt und seit Mitte der 1990-er Jahre der kommunikative und kulturelle Treffpunkt in der Stadt.

HERTEN | HALDE HOHEWARD

Ganz hoch oben im Pott.

Die Dimensionen des Horizontobservatoriums sind sehr außergewöhnlich, was für die Aussicht von hier oben ebenso zutrifft.

In der Dunkelheit helfen kleine, in den Boden eingelassene Leuchtmarkierungen bei der Orientierung des Sonnnensystems am Himmel.

Als man mit der Schüttung der Bergehalde Hoheward in den 1980-er Jahren begann, erregte das großes Aufsehen. Einerseits gab es Widerstand wegen der befürchteten Veränderung von Luftströmungen, andererseits bedrohte das große Schüttgebiet die nach dem Krieg inoffiziell entstanden Wohnhäuser an der Hohewardstraße. Dem formierten Widerstand entgegnete man, indem man im Reitkamp eine neue Siedlung baute.

Auf dem nördlichen Teil der Halde wurde 2008 ein Horizontobservatorium errichtet. Das Bauwerk steht auf einer kreisrunden

Die Halde Hoheward zählt zu den höchsten und beeindruckendsten im Ruhrgebiet. Sie zu besteigen ist ebenso faszinierend wie die Aussicht auf das umliegende Ruhrgebiet.

Fläche, die einen Durchmesser von 88 Metern beschreibt, auf der sich zwei Metallbögen mit einem Radius von 45 Metern erheben. Mit Hilfe von Peilmarken können markante Kalendertage wie beispielsweise Sommer- und Wintersonnenwende beobachtet werden. Leider traten schon kurz nach Eröffnung der Anlage im Äquatorbogen Risse auf, sodass sie gesperrt werden musste. Dennoch lohnt sich ein Aufstieg auf diese imposante Bergehalde. Der Ausblick von hier oben auf das Ruhrgebiet reicht an klaren Tagen von Dortmund im Osten bis nach Oberhausen im Westen.

Gut angelegte Wege und Treppenanlagen führen hinauf zum Haldenplateau.

HERTEN | SCHLOSS HERTEN

Zurück ins Mittelalter mitten im Revier.

Wer über die gepflasterte Brücke den Schlossinnenhof betritt, fühlt sich beim Anblick von Schlosskapelle und Hauptburg um einige hundert Jahre zurückversetzt.

Zugang in den Innenhof des Hertener Schlosses gibt es nur über diese Brücke.

Umgeben von 30 Hektar Land liegt das Hertener Wasserschloss mit seinem Park ganz in der Nähe der Stadt. 1376 wurde es erstmals urkundlich erwähnt. Nachdem das Hauptgebäude nach dem Krieg immer mehr verfiel und durch Bergschäden einzustürzen drohte, wurde es 1962 unter Denkmalschutz gestellt. Erst 1974 begann eine umfangreiche Renovierung der Anlage, die bis 1989 andauerte und den völligen Verfall des Schlosses stoppte. Eigentümer ist heute der Landschaftsverband Westfalen-Lippe. Den Schlosspark erwarb im Jahre 2008 die Stadt Herten.

Heute wird die Vorburg als Sozialzentrum und Tagesklinik der LWL-Klinik für Psychiatrie und Psychotherapie genutzt. Darüber hinaus bildet es für kulturelle Veranstaltungen wie dem auch überregional bekannten „Klavierfestival Ruhr" oder die „Hertener Schlosskonzerte" den richtigen Rahmen. Auch für Trauungen steht das Haus zur Verfügung. Im Nesselrode-Salon des Schlosses können Heiratswillige sich standesamtlich trauen lassen. Das Schlosscafé im Nordflügel des Haupthauses sorgt für das leibliche Wohl.

■ ■ ■

Das Hertener Schloss ist außerhalb der Stadt wenig bekannt. Dabei braucht es sich nicht zu verstecken und ist in jeder Jahreszeit einen Abstecher wert.

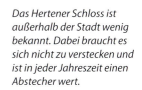

Stimmungsvoll und heute wieder in gutem und gepflegten Zustand präsentiert sich das Hertener Schloss mit Kapelle, Vor- und Haupthaus dem Besucher.

LÜNEN | COLANI-EI

Auf alten Pfaden in die Zukunft.

Auf dem ehemaligen Zechengelände sorgt der weiß gestrichene ehemalige Förderturm mit der ungewöhnlichen Krone für hohen Aufmerksamkeitswert.

Fast wie ein Ufo wirkt das ungewöhnliche Objekt auf dem ehemaligen Förderturm.

Lüntec-Tower – hört sich irgendwie viel futuristischer an als „Colani-Ei". Beides bezeichnet die futuristische Neugestaltung eines ehemaligen Förderturms auf der stillgelegten Zeche Minister Achenbach in Lünen-Brambauer. Nachdem im Jahre 1990 die Zeche stillgelegt wurde, nutze die RAG das Gelände noch zwei Jahre für ihre Auszubildenden. Danach wandelte sich das Gelände mit seinen Anlagen zum Technologiezentrum Lünen, kurz Lüntec. Die Umbauarbeiten endeten im Mai 1995 mit dem Aufsetzen des „Colani-Eis" auf den ehemaligen Förderturm. Der bekannte, eigenwillige Designer gestaltete das Objekt in seiner bekannten Art und machte damit das Gelände zur viel bestaunten und besuchten Landmarke auf der Route der Industriekultur. Anziehungspunkt ist dabei einzig die in 35 Meter Höhe angesiedelte Business-Lounge mit Panorama-Blick auf die Stadt. Die nebenstehende Schachthalle wurde zum Foyer umfunktioniert und wird heute als Veranstaltungsraum genutzt.

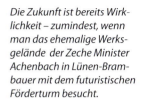

Die Zukunft ist bereits Wirklichkeit – zumindest, wenn man das ehemalige Werksgelände der Zeche Minister Achenbach in Lünen-Brambauer mit dem futuristischen Förderturm besucht.

Zusammen mit dem „Schwarzen Kubus" rechts neben dem „Colani-Ei" erhielt das Objekt im Jahre 2008 vom Kunstverein Lünen die Auszeichnung „Kunstwerk des Jahres 2009".

MOERS | HALDE PATTBERG

Zu Füßen liegt das Ruhrgebiet.

In der Ruhe liegt die Kraft. Das könnte das Motto dieser ziemlich unspektakulären Halde in Moers sein.

■ ■ ■

Vom Gipfel der Halde Pattberg hat man bei gutem Wetter einen tollen Blick auf die Kulisse des westlichen Ruhrgebiets.

Ihre Existenz verdankt die Halde Pattberg der gleichnamigen Zeche, die in den Jahren 1964 bis 1985 hier ihren Abraum auf einer Fläche von rund 35 Hektar aufschüttete und somit eine Höhe von 64 Meter über Niveau erreichte.

Erst 1997 übergab die Ruhrkohle AG als Eigentümer der Halde das Gelände an den Regionalverband Ruhr, der es in Kooperation mit den Städten Kamp-Lintfort, Moers, Neukirchen-Vlyn und Rheinberg in den „Landschaftspark Niederrhein" aufnahm und als Landschaftspark der Öffentlichkeit zugänglich machte. Es entstand eine ökologische Aufbereitung. Durch die Renaturierung von Fließgewässern, Anlage von Biotopen, Obstwiesen, Hecken und der Waldvermehrung entstand ein Erholungsgebiet mit umweltverträglicher Nutzung für unterschiedliche Freizeitaktivitäten.

Heute ist die Halde Pattberg das Mekka von Drachen- und Modellflugakteuren. Wer den Aufstieg über die befestigten Wege hinter sich gebracht hat, wird mit einer grandiosen Aussicht auf die niederrheinische Landschaft und das westliche Ruhrgebiet belohnt.

MOERS | HALDE RHEINPREUSSEN

Das Geleucht über dem Revier.

Die Halde Rheinpreußen wird auch gern zum Freizeitsport genutzt. Oben angekommen lädt „Das Geleucht" dann zu einer Pause ein.

Die Aussichtplattform in neun Metern Höhe des „Geleuchts" ist ein beliebtes Ziel. Infomationstafeln klären den Besucher über die in der Ferne liegenden Ziele auf.

Im Jahr 1963 wurde mit der Aufhaltung der Halde Rheinpreußen in Moers begonnen. Bis 1990 schüttete man hier auf einer Fläche von mehr als 50 Hektar 21 Millionen Kubikmeter zu einer 72 Meter hohen Abraumhalde auf. Die Krönung der Halde ist zweifellos das 30 Meter hohe Kunstwerk von Otto Piene, welches die Bezeichnung „Das Geleucht" trägt. Am 17. September 2007 wurde das Kunstwerk offiziell eingeweiht. Das begehbare Objekt erinnert an eine überdimensionale Grubenlampe. Es steht auf dem Gipfel der Halde, unter dem sich in der Dunkelheit ein rot leuchtendes

Die Halde Rheinpreußen mit „Geleucht" bietet von dessen Aussichtsplattform einen der interessantesten Ausblicke auf das westliche Ruhrgebiet.

Lichtermeer breit macht. Die eigentliche Faszination entfacht die Halde allerdings erst in der Dunkelheit, wenn im „Geleucht" das Licht an geht und die Wiesen rund um die Halde im roten Lichtermeer versinkt. Das Erlebnis suchen immer mehr Menschen, wenn sie den breiten, geschotterten Weg auf das Haldenplateu beschreiten. Besonders lohnt sich das in den Sommermonaten, denn dann lässt sich das „Geleucht" besteigen und von seiner umlaufenden Aussichtsplattform ein fantastischer Blick auf das Ruhrgebiet und den Niederrhein genießen.

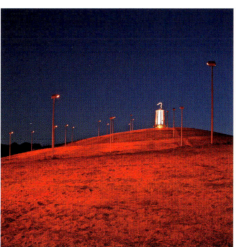

In der Dunkelheit versinkt „Das Geleucht" in einem roten Lichtermeer.

MÜLHEIM | AQUARIUS WASSERMUSEUM

Wasser, das Lebenselexier.

In der Dunkelheit ist der angestrahlte Turm des Auquarius Wassermuseums schon von weitem zu sehen. Direkt daneben liegt in einem Park das Schloss Styrum.

Mit Hilfe modernster multimedialer Technik erfahren Besucher auf 14 Ebenen alles über das Element Wasser in seinen unterschiedlichsten Formen.

Als August Thyssen 1892/93 den 50 Meter hohen Wasserturm in Mülheim-Styrum bauen ließ, ging es lediglich um die Wasserversorgung seiner nahe gelegenen Röhren- und Walzwerke sowie der umliegenden Gemeinde. Im Jahre 1912 erwarb die gerade neu gegründete Rheinisch-Westfälische Wasserwerksgesellschaft (RWW) das Objekt, das 1982 stillgelegt und sieben Jahre später unter Denkmalschutz gestellt wurde. Für die Landesgartenschau „MüGa" 1992 wurde der Wasserturm saniert und zum Museum umgebaut. Seither ist das Aquarius Wassermuseum der RWW in ihm untergebracht.

Ein Besuch in dem alten Wasserturm ist nicht nur wegen der zahlreichen Informationen über das Wasser lohnenswert. Auch die tolle Aussicht auf der oberen Plattform lockt so manchen Besucher an.

Als ein Museum mit ungewöhnlicher Architektur erfährt der Interessierte hier auf 14 Ebenen und 30 Stationen mittels modernster multimedialer Technik alles über das Element Wasser, seinen Ursprung und Kreislauf sowie den Erscheinungsformen. Eine Fahrt mit einem der beiden gläsernen Aufzüge wird zum besonderen Erlebnis. Mal geht es durch die luftige Höhe nach oben, mal durch den ehemaligen Wasserbehälter, wo einst 500.000 Liter des feuchten Elements gespeichert wurden. Ziel ist die gläserne Aussichtsplattform, die in 40 Meter Höhe den Turm umgibt und einen guten Ausblick gewährt.

Heute liegt der alte Wasserturm in einem gepflegten Park auf der Route der Industriekultur.

MÜLHEIM | KLOSTER SAARN

Seit 800 Jahren den Menschen eng verbunden.

Das Kloster Saarn liegt heute völlig unscheinbar an der vielbefahreren Bundestraße 1 im Mülheimer Stadtteil Saarn.

Die Innenhöfe der weitläufigen Klosteranlage entpuppen sich als wahre Kleinode. Hier scheint die Zeit vor einigen hundert Jahren stehen geblieben zu sein.

Erste Erwähnung findet das Kloster Saarn auf dem Stammbau des Zisterzienserklosters Kamp in Kamp-Lintfort im Jahr 1214. Nach dem was man weiß, hatte sich das strenge Klosterleben im 18. Jahrhundert weit von seinen anfangs strengen Regeln entfernt. 1808 wurde das Kloster aufgelöst. Aus der Klosterkirche wurde eine Pfarrkirche, die man kurz vor 1900 um ein Querschiff und einen Turm erweiterte. Die Preußen richteten in einem Teil der Gemäuer einst eine Gewehrfabrik ein und die Wirtschaftsgebäude an der heutigen B1 wurden als Tapetenfabrik genutzt, die später einem

■ ■ ■

Wer Abstand vom stressigen Alltag sucht und die Seele baumeln lassen möchte, dem sei ein Besuch des alten Klosters in Saarn empfohlen.

Brand zum Opfer fiel. Verbliebene Räume wurden vermietet. Den Zweiten Weltkrieg hat das Kloster Saarn nahezu unbeschadet überstanden. Heute dient das in den 1980-er Jahren restaurierte Klostergebäude als Bürgerbegegnungsstätte, Wohnung für ältere Menschen und der Kirche. Die „Bürgerbegegnungsstätte Saarn" hat sich zu einem kulturellen Treffpunkt entwickelt, wo regelmäßig Konzerte, Kindertheater, Ausstellungen und musikalische Veranstaltungen stattfinden. In unmittelbarer Nähe liegt die Altstadt von Saarn, die mit ihrem dörflichen Charakter zu einem Spaziergang einlädt.

Die alte Kirche und der umliegende Park ergeben ein wunderschönes Ensemble für die Entspannung.

MÜLHEIM | MINTARDER RUHRTALBRÜCKE

Die längste Straßenbrücke aus Stahl.

Auf über 1.800 Metern Länge führt die Mintarder Brücke die Autobahn 52 über das grüne Ruhrtal zwischen Essen und Mülheim-Mintard.

■ ■ ■

Auch heute noch zählt die 1966 fertiggestellte Mintarder Brücke zu den imposantesten Bauwerken ihrer Art, die in Europa nach dem Zweiten Weltkrieg erbaut wurden.

Heute passieren um die 80.000 Fahrzeuge pro Tag die Mintarder Brücke auf der Autobahn 52.

Die nach drei Jahren 1966 fertiggestellte Ruhrtal- oder Mintarder Brücke der Autobahn 52 zwischen Essen und dem Mülheimer Stadtteil Mintard ist Deutschlands längste Straßenbrücke aus Stahl. Sie überspannt das Ruhrtal in einem weiten Bogen und dient als Verbindungsachse zwischen Essen und Düsseldorf. Auch heute noch gilt die Brücke als eines der ehrgeizigsten Projekte in Europa nach dem Zweiten Weltkrieg. Auf 18 Hohlpfeilern führt ihre Fahrbahn an der höchsten Stelle 65 Meter über das Ruhrtal hinweg. Ihre Breite zwischen den Geländern erstreckt sich auf 27,3 Meter. Die Baukosten beliefen sich seinerzeit auf fast 50 Millionen Mark.

Immer wieder geriet die Brücke in die Schlagzeilen. Kurz vor ihrer Fertigstellung kam ein Arbeiter bei stürmisch-regnerischem Wetter durch einen Sturz in die Tiefe zu Tode. 1994 wurde ein 12-jähriges Mädchen in einer der Hohlkammern unter der Fahrbahn gefangen gehalten. Mehrfach kam es vor, dass Menschen versuchten, sich durch den Sturz von der Brücke das Leben zu nehmen. In den 1980-er Jahren ersetze man die Brückengeländer durch einen mehrere Meter hohen Zaun.

OBERHAUSEN | GASOMETER

Die größte Tonne im Revier.

Im Laufe der Jahre ist der Gasometer nicht nur zum Wahrzeichen für Oberhausen geworden, sondern steht heute als Synonym für das Ruhrgebiet.

Der Blick von der Aussichtsplattform in 115 Metern Höhe ist gewaltig. Die Autos auf der A42 im Norden erscheinen wie Spielzeuge. Am Horizont trifft der Blick auf die Halde Haniel in Bottrop.

Die größte Tonne im Revier ist der Gasometer in Oberhausen. Erbaut wurde der ehemalige Scheibengasbehälter in den Jahren 1927/29 von der Gutehoffnungshütte, der er als Gichtgasspeicher diente. Mit seinem Volumen von 347.000 Kubikmetern, einer Höhe von 117 Metern und 68 Metern Durchmesser war er der größte Gasometer in Europa.

In den Jahren 1993/94 wurde er im Rahmen der IBA Emscher Park für 16 Millionen Mark umgebaut. Seitdem ist er die höchste Ausstellungshalle Europas und für die Öffentlichkeit zugänglich. Im Innern gibt es

■ ■ ■

Der Gasometer gehört heute zu den Landmarken des Ruhrgebiets und verbindet wie kaum ein anders Objekt die verschiedenen Zeitepochen im Revier.

einen gläsernen Aufzug, mit dem Besucher in die Höhe fahren, um die Aussichtsplattform in 115 Meter Höhe zu besuchen. Seit seinem Umbau zog der Gasometer mit verschiedenen Ausstellungen, u.a. „Feuer und Flamme" (1994/95), „The Wall (1999) oder „Sternstunden" (2009/10) die Massen an. Mit mehr als vier Millionen Besuchern gilt der Gasometer heute als einer der meist besuchten Ankerpunkte auf der Route der Industriekultur.

In Oberhausen ist der Gasometer durch seine imposante Größe fast allgegenwärtig.

OBERHAUSEN | KASTELL HOLTEN

Ein Hauch von Ritterromantik.

Das Kastell Holten liegt etwas verwunschen am Rande des Stadtteils in einer gepflegten Parkanlage, die der Öffentlichkeit zugänglich ist.

■ ■ ■

Die sich mit den Jahren um das einstige Kastell Holten entwickelte Wohnanlage ist heute ein Stadtteil von Oberhausen.

Das alte Gemäuder dient heute der heimischen Schützengilde als Versammlungs- und Schießstätte.

Als ehemalige Wasserburg kommt das Kastell Holten im gleichnamigen Oberhausener Stadtteil heute ziemlich unscheinbar daher. Von der einst beeindruckenden Anlage ist nur der wieder errichtete Ostflügel des früheren Haupthauses erhalten. Er stammt aus dem 16. Jahrhundert und liegt in einer gepflegten Parkanlage, die der Öffentlichkeit heute zur Naherholung dient. Die Geschichte des Hauses reicht bis ins Jahr 1188 zurück. Wie die Historie sagt, gehen die Überreste des Kastells auf einen Vorgängerbau zurück, von dem nur wenig bekannt ist. Rund um das Kastell entwickelte sich mit den Jahren eine Wohnsiedlung, aus der die damalige Stadt Holten, heute ein Stadtteil von Oberhausen, hervorging.

Das Haus dient heute ganz der Tradition verpflichtet der heimischen Schützengilde als Versammlungs- und Übungsstätte. Nicht zuletzt ist es ihren Mitgliedern zu verdanken, dass das Objekt heute in einem so guten Zustand erhalten geblieben ist.

OBERHAUSEN | KNAPPENHALDE

Völlig unscheinbar und doch so beeindruckend.

Gerade in der Dunkelheit ist der Blick von der unscheinbaren Knappenhalde auf das Cenrto mit seinen vielen Lichtern besonders ungewöhnlich.

■ ■ ■

Selbst in Oberhausen zucken Anwohner die Schultern, wenn man sie nach der Knappenhalde fragt. Dabei bietet sie als höchste Erhebung der Stadt einen tollen Ausblick.

Aus der Ferne sieht die spitze Erhebung Knappenhalde ziemlich unspektakulär aus.

Sie gehört zu den weniger bekannten Halden. Dabei ist sie mit 102 Metern die höchste Erhebung in Oberhausen. Die Aufschüttung erfolgte durch die Zeche Oberhausen, die im Jahr 1856 gegründet wurde. Nachdem die Eigentumsverhältnisse mehrfach wechselten, gelangte sie in den Besitz des Stahlkonzerns Gutehoffnungshütte. Dieser nutze sie nicht nur für die Lagerung von Abraum aus dem Bergbau sondern auch zur Schüttung von Hochofenschlacke. Nach dem Zweiten Weltkrieg kamen noch 1 Million Kubikmeter Trümmerschutt von zerstörten Häusern aus Oberhausen hinzu. Begrünt wurde sie erst in den 1950-er Jahren, 1980 Wege angelegt und die Halde zur Freizeitgestaltung freigegeben. Heute befindet sich auf der Spitze ein 15 Meter hoher Aussichtsturm, der eine gute Sicht auf das benachbarte Centro gewährt.

Aussichtsplattform in 15 Metern Höhe.

OBERHAUSEN | OLGA-PARK

Die grüne Lunge in Osterfeld.

Der 25 Hektar große OLGA-Park wird heute für die Naherholung und als Veranstaltungsorte z.B. für Olgas Rock genutzt.

■ ■ ■

In Sichtweite von Gasometer und Centro finden Naherholungssuchende eine willkommene Ruhe- und Entspannungszone.

Das Gelände verfügt über ausgedehnte Wiesen und mehrere Spielplätze.

156 Tage dauerte die OLGA, die Oberhausener Landesgartenschau auf dem Gelände der ehemaligen Zeche und Kokerei Osterfeld. Vom 1. Mai bis zum 3. Oktober 1999 wurde hier ein Blumenfest mit 17 Themengärten und wechselnden Shows mit Artisten und Künstlern begeisterten Besuchern präsentiert. Die OLGA zählte zum letzten großen Parkprojekt der Internationalen Bauausstellung (IBA) im Emscherpark.

Der Park ist 25 Hektar groß und beinhaltet neben ausgedehnten Wiesenflächen, Spazierwege, Spielplätze auch einen 16 Meter hohen Aussichtsturm. Seit der Eröffnung der „Neuen Gärten Oberhausen" sind die zahlreichen Bäume deutlich gewachsen, was dem alten Zechengelände heute einen besonderen Charme verleiht. Der Park ist über zwei Fußgängerbrücken mit der Neuen Mitte Oberhausen verbunden.

Der 16 Meter hohe Aussichtsturm im Olga Park.

OBERHAUSEN | SIEDLUNG EISENHEIM

Als harte Arbeit noch ehrenwert war.

Wie aus einer anderen Zeit erlebt man die Siedlung Eisenheim bei einem Rundgang durch die schmalen Gassen.

Zu jeder Wohnung und jedem Haus gehört auch ein Stall und Garten. Dass hier auch noch Gemüse selbst angebaut wird, ist für viele Bewohner eine Selbstverständlichkeit.

In der ältesten Arbeitersiedlung (1846) im Revier, in Oberhausen-Eisenheim, reihen sich die zierlichen Häuser dicht aneinander. Schmale Wege, durch mannshohe Hecken säuberlich abgeteilt, trennen Häuser, Ställe und Gärten. Geht der Besucher durch die engen Gassen der Kolonie, wird die alte Zeit des Ruhrgebiets wieder lebendig. Hier eine frisch gestrichene Bank vor der Haustür, dort die gurrenden Tauben vor einem rumorenden Schlag, dazwischen ein alter Mann, der die Mistgabel in den Boden sticht, gleich nebenan eine lockere Runde, die sich lautstark unterhält. Fast möchte

Nach langem Kampf wurden die Häuser 1972 unter Denkmalschutz gestellt.

man meinen, Ruhrgebietsromantik pur. Doch nur selten trifft man hier jemanden, der die deutsche Sprache noch beherrscht. Heute haben die überwiegenden Bewohner einen Migrationshintergrund.

Als der Siedlung nach dem Zweiten Weltkrieg der Abriss drohte, hielten die Eisenheimer zusammen. Die Bewohner setzten sich zur Wehr und erreichten dadurch ein Einlenken mit dem Eigentümer Thyssen. Mehr noch, die Häuser wurden sogar aufwendig renoviert. Heute zeugen sie von einer Zeit, in der die Bevölkerung auch mit ganz wenig zufrieden war.

In Eisenheim gehört die Enge zum Alltag, aber sie scheint nicht zu stören.

RECKLINGHAUSEN | VOLKSSTERNWARTE

Der Himmel über Recklinghausen.

Der markante Bau der Recklinghäuser Volkssternwarte ist im Stadtgarten nicht zu übersehen.

Auf dem Außengelände befinden sich ein „Erlebnisfeld der Sinne" mit Experimenten zur optischen und akustischen Wahrnehmung sowie der Anfang eines etwa 3 km langen Planetenweges.

Die Volkssternwarte in Recklinghausen befindet sich auf einer Anhöhe im Stadtgarten in einem markanten, 20 Meter hohen, achteckigen Turm. Regelmäßig werden öffentliche Beobachtungen des Sternenhimmels und der Sonne durchgeführt. Das verdanken die Recklinghäuser der Initiative der „Vereinigung von Freunden der Astronomie und kosmischen Physik". Sie haben sich in den 1940-er Jahren für den Bau dieser Einrichtung stark gemacht und von der Stadt Recklinghausen eine Kapitalsicherung zugesichert bekommen. Die Wirren des Zweiten Weltkrieges führten dazu, dass es eine

Die Volkssternwarte in Recklinghausens Stadtwald entführt in die spannende Welt der Himmelskörper.

andere Orientierung geben musste. Erst 1950 entstand eine Beobachtungskuppel von vier Metern Durchmesser. Durch zahlreiche Spenden wurde das Objekt erweitert und erst 1966 erfolgte der Bau eines Planetariums der Firma Carl Zeiss, das 81 Besuchern Platz bot. Doch bereits 1985 wurde es durch ein Nachfolgemodell ersetzt. Es beansprucht allerdings mehr Platz, deshalb reduzierte sich die Zahl der Sitzplätze auf 75.

Die Sternwarte bietete regelmäßige Beobachtungen des Sternenhimmels und Sonnensystems an.

RECKLINGHAUSEN | ZECHE RECKLINGHAUSEN II

Zechenromantik am Siedlungsdreieck.

Die leicht hügelige Parkanlage auf dem ehemaligen Zechengelände wird heute zur Naherholung und Entspannung genutzt.

■ ■ ■

Dass hier auf Recklinghausen II einmal Kohle gefördert wurde, kommt dem Besucher heute kaum noch in den Sinn.

Statt Ruß und Kohle überwiegt heute das Grün der Natur auf Recklinghausen II.

Auf Recklinghausen II, direkt gegenüber der Dreieck-Siedlung in Hochlarmark, wurde in der Zeit von 1901 bis 1974 Kohle gefördert. Anschließend diente die Schachtanlage noch bis 1988 der Material- und Seilfahrt. Sie geht, ebenso wie die ältere Anlage Recklinghausen I, auf die belgische „Societe Civile Belge des Charbonnages d' Herne-Bochum" zurück. Nach dem Abriss der Tagesanlagen ging die Zechenbrache 1999 in den Besitz des damaligen Kommunalverband Ruhr, dem heutigen Regionalverband Ruhr über. Dieser gestaltete das Gelände zum Stadtteilpark um und gliederte es in den Emscher Landschaftspark ein. In dessen Mittelpunkt steht heute das Fördergerüst der Bauart „Deutsches Strebengerüst". Ebenfalls erhalten blieb die Maschinenhalle aus den Jahren 1963/64.

Grün leuchtende Förderräder im Strebengerüst.

Anschriften:

Halde Großes Holz
Erich-Ollenhauer-Straße
59192 Bergkamen

Jahrhunderthalle + Westpark
Alleestraße
44793 Bochum

Kemnader See
Blumenau 7
44801 Bochum

Planetarium
Castroper Straße 67
44791 Bochum

Ruhr-Universität Bochum
Universitätsstraße 150
44801 Bochum

Gesundheitspark Quellenbusch
Osterfelder Straße 159
46242 Bottrop

Kokerei Prosper
Prosperstraße
46240 Bottrop

Tetraeder
Beckstraße
46238 Bottrop

Halde Schwerin
Bodelschwingher Straße
44577 Castrop-Rauxel

Mühlenmuseum Dinslaken
Am Freibad 3
46535 Dinslaken

Alte Kolonie Eving
Nollendorfplatz
44339 Dortmund

Altes Hafenamt
Sunderweg 130
44147 Dortmund

Kokerei Hansa
Emscherallee 11
44369 Dortmund

Lanstroper Ei
Rote Fuhr
44329 Dortmund

Zeche Gneisenau
Altenderner Straße
44329 Dortmund

Dorsten Altstadt
Markt
46282 Dorsten

Alsumer Berg
Alsumer Steig
47166 Duisburg

Hüttenwerk Schwelgern
Kaiser-Wilhelm-Straße
47166 Duisburg

Innenhafen
Philosophenweg
47059 Duisburg

Landschaftspark Duisburg-Nord
Emscherstraße 71
47137 Duisburg

Rheinbrücke Neuenkamp
Wilhelmallee
47198 Duisburg

Theater Duisburg
Neckarstraße 1
47051 Duisburg

Gleispark Frintrop
Dellwiger Straße
45357 Essen

Grugapark
Grugaplatz
45131 Essen

Heisinger Ruhraue
Wuppertaler Straße
45128 Essen

Krupp-Park
Berthold-Beitz-Boulevard
45143 Essen

Villa Hügel
Hügel 15
45133 Essen

Consol-Park
Bismarckstraße 240
45889 Gelsenkirchen

Halde Rungenberg + Siedlung Schüngelberg
Holthauser Straße
45897 Gelsenkirchen

Kraftwerk Scholven
Bellendorfsweg
45896 Gelsenkirchen

Nordsternpark
Am Bugapark 1
45899 Gelsenkirchen

Schloss Berge
Adenauer Allee 103
45894 Gelsenkirchen

Siedlung Flöz Dickebank
Virchowstraße/Flöz Sonnenschein
45886 Gelsenkirchen

Zeche Radbod
An den Fördertürmen
59075 Hamm

Akademie Mont-Cenis
Mont-Cenis-Platz 1
44627 Herne-Sodingen

Glashaus
Hermannstraße 16
45699 Herten

Halde Hoheward
Im Emscherbruch
45699 Herten

Schloss Herten
Im Schlosspark 12
45699 HJerten

Colani-Ei – Lüntec
Heinrichstraße 51
44536 Lünen

Halde Pattberg
Pattbergstraße
47445 Moers

Halde Rheinpreußen
Gutenbergstraße
47443 Moers

Aquarius Wassermuseum
Burgstraße 70
45476 Mülheim/Ruhr

Kloster Saarn
Klosterstraße 53
45481 Mülheim/Ruhr

Mintarder Ruhrtalbrücke
Mintarder Straße
45481 Mülheim/Ruhr

Gasometer
Am Grafenbusch 90
46047 Oberhausen

Kastell Holten
Kastellstraße 56
46147 Oberhausen

Knappenhalde
Knappenstraße/Lipperstraße 49
46045 Oberhausen

OLGA-Park
Vestische Straße
46049 Oberhausen

Siedlung Eisenheim
Berliner Straße 10a
46117 Oberhausen

Volkssternwarte Recklinghausen
Stadtgarten 6
45657 Recklinghausen

Zeche Recklinghausen II
Karlstraße 75
45661 Recklinghausen

Quellennachweis

Glaser, Harald, Oberhausen: Industrie macht Stadt, Essen 1999

Glaser, Harald / Syré, Christiane, Arbeitersiedlungen, Essen 2003

Dr. Krüger, Susanne, Krupp und die Stadt Essen, Essen 1999

Nöllenheidt, Achim, RuhrKompakt – Der Kulturhauptstadt-Erlebnisführer, Essen 2009

Syré, Christiane, Westfälische Bergbau-Route, Essen 2001

Vollmer, Manfred / Berke, Wolfgang, Bilderbuch Ruhrgebiet, Essen 2005

Will, Martina, Duisburg: Industrie am Rhein, Essen 1999

www.bochum.de
www.bottrop.de
www.duisburg.de
www.gesundheitspark-quellenbusch.de
www.grugapark.de
www.halde-grosses-holz.de
www.herten.de
www.industriedenkmal-stiftung.de
www.kraftwerk-scholven.com
www.krupp-guertel.de
www.metropoleruhr.de
www.muehlenmuseum-dinslaken-hiesfeld.de
www.museum-kloster-saarn.de
www.oberhausen.de
www.planetarium-bochum.de
www.rag-deutsche-steinkohle.de
www.route-industriekultur.de
www.ruhr-uni-bochum.de/
www.ruhrgebiet-industriekultur.de
www.schloss-berge.de
www.sternwarte-recklinghausen.de
www.strasse.nrw.de
www.villahuegel.de

EINE FASZINIERENDE REGION IN DEUTSCHLAND STELLT SICH VOR

Das Ruhrgebiet erleben

Achim Kubiak
**Faszinierendes Ruhrgebiet
Begegnungen bei Nacht**
168 Seiten, Format 23 x 27 cm,
ca. 500 farbige Abbildungen,
gebunden mit SU,
ISBN 978-3-9811598-2-0
€ 29,95

Achim Kubiak
**Faszinierendes Ruhrgebiet
Augenblicke am Rhein-Herne Kanal**
160 Seiten, Format 23 x 27 cm,
ca. 350 farbige Abbildungen,
gebunden mit SU,
ISBN 978-3-9811598-7-5
€ 29,95

Frank Schultze
**Mysterious Zone –
Geheimnisvolles Ruhrgebiet**
Vorwort von Sönke Wortmann
80 Seiten, Format 23 x 27 cm,
mit ca. 55 farbigen Abb.,
gebunden,
ISBN 978-3-941676-01-5
€ 18,95

Achim Kubiak
**Bergbau im Ruhrgebiet
Ein immerwährender Kalender**
14 Blätter, Format 29.7 x 42 cm,
Spiralbindung,
ISBN 978-3-941676-05-3
€ 14,95

Schwarz, durch den Ruß rauchender Schlote geprägt, so präsentierte sich das Ruhrgebiet jahrzehntelang. Vom Schauplatz der ehemaligen Montanindustrie wandelte es sich zur Kulturregion. Ausgediente Kulturanlagen haben die Entwicklung zu viel beachteten Kulturdenkmälern vollzogen. Auf Abraumhalden thronen – weithin sichtbar – illuminierte Landmarken. Das Buch ist mehr als ein einfacher Bildband. Brillante Fotos lassen auch anspruchsvolle Liebhaber des Ruhrgebiets staunen.

Die Industrie um Kohle und Stahl lockte unzählige Arbeitskräfte ins Revier. Neue, leistungsfähige Transportwege wurden erforderlich, um mit der sich schnell entwickelnden Industrialisierung Schritt halten zu können. Das war die Zeit, als man sich Gedanken um neue Wasserstraßen im Ruhrgebiet machte. 1914 befuhren die ersten Schiffe den Rhein-Herne-Kanal. Nun wird die Ost-West-Verbindung zum „Kultur-Kanal". Achim Kubiak hat ihm einen informativen, wunderschönen Bildband gewidmet.

Frank Schultzes Fotografien laden ein, sich dem Ruhrgebiet neu zu nähern. Er zeigt Orte, die man zu kennen glaubt. Und doch enthüllt der Blick seiner Kamera im Bekannten das Unerwartete. Wie fremd muss man sein, wie vertraut darf man sich fühlen, um mit einem solchen Blick zu sehen? Um ein anderes und ganz eigenes Bild des Ruhrgebietes zu gewinnen – jenseits von Kohle und Stahl. Spannend, mysteriös, fast ein bisschen unheimlich!
- **Fotobuchpreis 2011-Nominiert** -

1804 wurden im Ruhrrevier 229 Zechen betrieben, bevor ab 1957 die Kohlenkrise das Zechensterben einläutete. Der Strukturwandel war nicht mehr aufzuhalten, denn die Steinkohleförderung und Stahlindustrie waren stark rückläufig. Kulturdenkmäler, wie Zechen und Halden, erinnern noch heute an den Bergbau.
Dieser Kalender vermittelt die verbliebene Faszination der Denkmäler einer gewaltigen Epoche.

Unsere Titel sind über jede gute Buchhandlung zu beziehen oder direkt über den Verlag.
Verlag edition rainruhr · Kiek ut 20 · 45359 Essen · Tel. 0201 689662 · info@edition-rainruhr.de · www.edition-rainruhr.de